Un mousse de

Pierre Maël

Alpha Editions

This edition published in 2024

ISBN : 9789361477874

Design and Setting By
Alpha Editions
www.alphaedis.com
Email - info@alphaedis.com

As per information held with us this book is in Public Domain.
This book is a reproduction of an important historical work. Alpha Editions uses the best technology to reproduce historical work in the same manner it was first published to preserve its original nature. Any marks or number seen are left intentionally to preserve its true form.

Contents

CHAPITRE PREMIER CAPTURÉS ....- 1 -
CHAPITRE II L'ENFANCE D'UN CAPTIF ....- 11 -
CHAPITRE III INITIATION ....- 23 -
CHAPITRE IV L'ÉVASION ....- 35 -
CHAPITRE V EN DÉTRESSE ....- 46 -
CHAPITRE VI LE SALUT ....- 56 -
CHAPITRE VII L'ÉQUIPAGE D'UN CORSAIRE............- 66 -
CHAPITRE VIII EN CHASSE ....- 78 -
CHAPITRE IX APPRENTISSAGE ....- 87 -
CHAPITRE X AU LOIN..- 97 -
CHAPITRE XI LA « SAINTE-ANNE » ....- 109 -
CHAPITRE XII MADRIGAUX DE GUERRE ....- 119 -
CHAPITRE XIII BRANLE-BAS DE COMBAT ....- 129 -
CHAPITRE XIV APRÈS LA BATAILLE.........................- 138 -
CHAPITRE XV LADY STANHOPE ....- 147 -
CHAPITRE XVI PAROLE DE CORSAIRE ....- 159 -

CHAPITRE PREMIER
CAPTURÉS

Le 4 vendémiaire an VII, c'est-à-dire le 25 septembre 1799, le trois-mâts la *Bretagne* sortait du port de Brest et gagnait la mer, toutes les voiles dehors.

C'était un beau navire de commerce qui transportait des émigrants vers l'Amérique. On mourait de faim en Bretagne, comme un peu partout d'ailleurs en France, et cette émigration-là ne ressemblait point à celle que les lois encore en vigueur punissaient de mort.

Le gouvernement accordait son consentement à tout citoyen qui, muni de son brevet de civisme, déclarait ne s'absenter que pour subvenir à son existence ou faire acte de commerce.

Par malheur, la navigation était très difficile. Les côtes étaient étroitement surveillées par les croisières anglaises, qui usaient de représailles dans la guerre de course.

Il devenait chaque jour plus difficile aux navigateurs français d'échapper à la poursuite des vaisseaux britanniques, dont les canons coulaient impitoyablement tout navire refusant d'amener son pavillon.

La *Bretagne* cependant nourrissait cette espérance de se dérober à l'œil vigilant des vigies rouges. Elle filait de huit à dix nœuds et n'avait pas craint de tenter un aussi long voyage au moment le plus défavorable de l'année, en une saison féconde en naufrages.

Elle portait dix-huit hommes d'équipage et cent vingt passagers, au nombre desquels figuraient un jeune médecin, Charles Ternant, sa femme et ses deux enfants, Anne et Guillaume. Anne avait alors sept ans, Guillaume tout près de cinq.

Ternant se dirigeait vers l'Amérique du Sud et les colonies espagnoles de la Plata. Un frère aîné y avait réussi à gagner une petite fortune, qu'il avait laissée par héritage au jeune médecin, et celui-ci espérait, avec l'aide de cet argent, se créer une position meilleure dans un pays presque vierge encore, où les Européens trouvaient à s'assurer une clientèle et des ressources.

Les premiers jours de navigation n'offrirent aucun incident fâcheux. Le ciel fut clément, la mer belle. On gagna ainsi les côtes d'Espagne. On évita le voisinage du Portugal, entièrement acquis à l'Angleterre. A la hauteur des Canaries, alors que l'on pouvait se considérer comme sauvés et se jeter hardiment dans l'ouest, on vit brusquement apparaître à l'horizon les voiles carrées d'une corvette anglaise.

Il fallut fuir et se laisser pousser vers le sud.

C'était une étrange vie que celle du bord pour ces hommes et ces femmes de conditions si différentes qui, la mort dans l'âme, s'éloignaient de la mère patrie pour chercher sous d'autres cieux le moyen de conserver une lamentable existence.

La France sortait à peine de la Révolution et le gouvernement du Directoire touchait à son terme. La famine régnait sur toute l'étendue du territoire de la République, ensanglanté par les atrocités de la Terreur et les crimes de la guerre civile. Au dehors, le drapeau de la France, illustré par d'éclatantes victoires : Valmy, Jemmapes, Fleurus, Hondschoote, Montenotte, Lodi, Castiglione, Arcole, Rivoli, par la conquête des Flandres, des Pays-Bas, de la Savoie, du nord de l'Italie, venait de subir, coup sur coup, de sombres revers. Les Austro-Russes, conduits par Souvarow, nous avaient battus à Cassano, à la Trébie, à Novi. Jourdan avait dû reculer devant l'archiduc Charles, après la défaite de Bamberg, et la flotte française de Brueys, anéantie par Nelson à Aboukir, laissait notre armée à la merci des Anglais en Égypte.

Il est vrai que, guidé par son étoile, sollicité par la fortune, le jeune vainqueur d'Arcole et de Rivoli, des Pyramides et du Mont-Thabor, venait de rentrer en France. Deux mois ne s'écouleraient pas tout à fait avant que Bonaparte, par le coup d'État de brumaire, renversât un gouvernement tombé dans le mépris et inaugurât pour la France une ère de gloire sans précédent.

Pour faire face à tous les ennemis du dehors ; la France avait accompli des prodiges de courage et d'activité. Dépourvue de vaisseaux et, surtout, de marins expérimentés, elle avait essayé, par la course, de tenir tête à l'Angleterre. Des combats malheureux sur mer n'avaient servi qu'à accroître les forces de l'implacable et séculaire rivale. On avait pu voir le *Vengeur* sombrer glorieusement en avant de Brest sous les boulets de l'ennemi.

Présentement, dans les mers de la Chine, un Breton se faisait un nom illustre parmi les grands corsaires de notre histoire. A vingt-cinq ans, Robert Surcouf, de Saint-Malo, avait déjà porté de rudes coups au commerce britannique, sans craindre même de se mesurer aux corvettes et aux frégates de l'ennemi. Un an plus tôt, il avait équipé à ses frais la corvette la *Clarisse*, armée de quatorze canons, sur laquelle il était devenu la terreur de l'Océan Indien.

C'était lui que poursuivaient sans relâche les vaisseaux anglais, contre lui que se rassemblaient les escadres de l'île Maurice, de Madras et de Bombay. Pourtant, chaque capitaine ennemi, quelle que fût sa bravoure, redoutait le terrible Malouin et ne se lançait à sa recherche qu'avec le secret espoir de ne point le rencontrer.

La *Bretagne* fuyait donc vers le sud, faisant un écart considérable de sa route, mais avec l'intention arrêtée de la reprendre dès qu'elle trouverait la mer libre.

Hélas ! la surveillance était bien exercée, et l'on n'était pas encore au 15 novembre que le pavillon anglais se montrait derechef sur l'horizon du nord-ouest.

Il fallut fuir encore vers le midi.

Là, nouvelle menace. Elle surgissait du sud-ouest.

Trois vaisseaux ennemis donnaient la chasse au pauvre trois-mâts auquel une seule route restait ouverte, celle de l'est, à travers les périls du redoutable cap des Tempêtes, devenu, depuis Vasco de Gama, le cap de Bonne-Espérance.

C'était se jeter dans la gueule du léopard.

Le Cap était, en effet, la station anglaise par excellence et les vaisseaux y devaient pulluler.

N'importe ! On n'avait pas le choix. Il fallait prendre ce qui s'offrait, car on savait quel sort cruel attendait les prisonniers de guerre français sur les pontons de la Grande-Bretagne. D'ailleurs, les malheureux émigrants faisaient entendre un tel concert de plaintes que le capitaine Kerruon commençait à en perdre le sang-froid.

On se mit donc à fuir dans l'est, comme on avait fui dans le sud, avec le fragile espoir de se réfugier, au besoin, sous la protection des canons de Saint-Denis, dans l'île de la Réunion. Or, il y avait plus de deux mois que la *Bretagne* avait quitté Brest lorsqu'elle se trouvait à la hauteur du Cap. Sa course avait été favorisée par le vent, et elle pouvait espérer atteindre l'île avant la fin du troisième mois.

Comme pour stimuler sa vitesse, les voiles hostiles se laissaient voir au large, tantôt plus rapprochées, tantôt plus éloignées, selon que le navire français gagnait ou perdait du champ.

L'épouvante fut donc grande à bord de celui-ci lorsque, le 10 décembre, tandis que, après avoir franchi la zone dangereuse du Cap, il pouvait croire à un répit dans l'acharnement de la poursuite, la vigie signala une voile surgissant à l'horizon de l'est.

Il y eut un moment d'angoisse affreuse.

Le capitaine assembla l'équipage et ne trouva que des hommes résolus à vendre chèrement leur vie. Il consulta les passagers. Un tiers se prononça pour la résistance ; les deux autres, pris de pitié pour les femmes et les enfants, furent d'avis qu'il valait mieux se rendre. Peut-être les Anglais se contenteraient-ils de faire payer une contribution aux malheureux émigrants afin de leur accorder le libre passage en Amérique ?

Comment lutter, d'ailleurs ? On n'avait à bord que deux mauvais pierriers pouvant fournir douze coups chacun. En outre, en rassemblant toutes les armes à feu, on ne pouvait armer qu'une trentaine d'hommes.

Le parti de la reddition prévalut donc, et le capitaine Kerruon fit arborer les signaux indiquant sa soumission.

Les vaisseaux anglais accourant de l'ouest furent bientôt à portée de canon. Le premier, une corvette de quatre-vingt-dix hommes d'équipage, avec huit pièces, s'approcha d'assez près pour signifier à la *Bretagne* d'avoir à amener son pavillon.

Mais tandis que le vieux marin brestois, la rage au cœur et les yeux pleins de larmes, s'apprêtait à obéir à l'ordre humiliant, voici que, brusquement à la grande stupeur des fugitifs, la scène changea entièrement d'aspect.

On put voir la corvette anglaise se couvrir de toile et virer de bord en courant vent arrière pour reprendre la route qu'elle venait de suivre en sens contraire.

Le second vaisseau, dont on ne pouvait encore apprécier l'importance, imita l'exemple de la corvette.

« Tonnerre de Brest ! s'exclama le Breton, qu'est-ce que ça signifie ? Ne dirait-on pas que les goddems veulent fuir ? »

On eut promptement le mot de cette étrange énigme.

La voile aperçue au sud-est grossissait à vue d'œil.

Bientôt, il ne fut plus possible de s'y tromper. C'était bien les trois couleurs, c'était le pavillon français qui battait à sa corne.

Haletants, le cœur plein, la poitrine agitée d'une fiévreuse espérance, l'équipage et les passagers de la *Bretagne* n'osaient point en croire leurs yeux, ne sachant comment expliquer la présence d'un bâtiment français sous ces latitudes.

Tous s'étaient élancés vers le pont et, penchés sur les bastingages, assistaient au singulier événement qui avait assuré leur salut.

Le vaisseau inconnu s'approchait à une vitesse de dix à douze nœuds, très supérieure à celle des croiseurs ennemis.

Comme certaines étoiles du firmament, il se dédoublait.

Bientôt on put voir derrière lui, dans son sillage, un brick de grandes dimensions, dont les sabords relevés montraient les gueules luisantes de huit pièces de seize, formidable satellite du premier bâtiment, qui ne portait pas moins de seize bouches à feu.

Celui-ci venait, rapide comme un oiseau de proie.

Et, vraiment, il en avait la mine élégante et farouche, avec ses larges voiles carrées, ouvertes ainsi que des ailes, qui débordaient la carène renflée. Il était mince pourtant et long, taillé pour des luttes de vitesse. Son étrave se creusait comme la gorge d'un albatros, dont son beaupré chargé de toile imitait assez bien le bec puissant.

Il avait pris chasse sur les deux vaisseaux anglais et il était visible qu'il les rejoindrait promptement.

En passant devant le trois-mâts, il le salua allégrement, et les fugitifs purent entendre une immense clameur leur souhaiter un bon voyage.

Quand l'étrange vaisseau défila devant la *Bretagne*, le capitaine Kerruon, armé de sa longue-vue, put lire le nom inscrit au-dessous de la dunette.

Un hourra souleva sa poitrine, aussitôt répété par l'équipage et les passagers du trois-mâts brestois. La *Clarisse* ! « Vive Robert Surcouf ! »

« Vive Robert Surcouf ! » L'acclamation était méritée.

C'était lui, en effet, l'invincible corsaire, le glorieux Malouin, digne descendant de Duguay-Trouin, qui venait de sauver ses compatriotes en détresse et s'apprêtait à livrer bataille aux éternels ennemis de la France.

Le docteur Charles Ternant, frémissant d'un patriotique enthousiasme, appela à lui sa femme et ses enfants.

Puis, prenant son fils dans ses bras, il l'éleva au-dessus des bastingages et, lui montrant les deux navires français voguant triomphalement à travers les eaux calmes et limpides :

« Guillaume, s'écria-t-il, regarde bien ces bateaux qui passent et grave leur image dans ton souvenir. C'est la gloire de ta patrie que tu vois. Ne l'oublie pas. Vive la France !

— Vive la France ! » répéta la voix pure du petit garçon.

Guillaume Ternant ne devait point oublier cette journée.

Maintenant les deux vaisseaux étaient passés.

On put voir la *Clarisse* gagner sur les Anglais, les dépasser pour leur barrer le chemin, puis revenir sur eux comme la foudre.

Tout à coup une détonation éclata ; un flocon blanc s'éleva au-dessus du corsaire et, pendant un temps très court, le masqua.

La corvette anglaise riposta bravement.

Ce fut alors un roulement formidable de décharges successives.

La *Clarisse* soutint, d'abord, le feu de ses deux ennemis. Bientôt, détachant le brick contre la corvette, elle s'élança sur le second vaisseau et se mit à le canonner à outrance.

La *Clarisse* était une terrible guerrière qui ne perdait pas ses coups. Un de ses boulets rasa la misaine de son adversaire, un second abattit le grand mât. Incapable de manœuvrer, le bateau anglais dut amener son pavillon.

Ce fut alors le tour de la corvette.

Elle était commandée, sans doute, par un officier plus valeureux, car elle se défendit avec rage. Les canons de la *Clarisse* et ceux du brick la couvrirent de projectiles. Après une demi-heure de combat, il devint manifeste que le vaisseau britannique, touché au-dessous de la flottaison, avait une voie d'eau mortelle.

Alors seulement, sur les débris sanglants, à la corne d'artimon, le pavillon flottant fièrement au-dessus du gouffre fut tranché par la hache d'un gabier.

Des quatre-vingt-dix officiers et matelots du navire anglais, cinq seulement étaient debout, diversement blessés ; six autres respiraient encore. Tout le reste était mort.

La nuit descendit sur cette scène terrifiante et sublime.

La *Clarisse* revint sur sa route. Elle avait subi des avaries qui exigeaient un prompt retour dans les eaux françaises. Elle prit donc sous sa protection la *Bretagne*. Le trois-mâts avait besoin de renouveler ses vivres, vu l'énorme perte de temps qu'il avait subie.

En reconnaissance du service rendu, le capitaine Kerruon offrit de prendre à son bord les blessés trop gravement atteints de la *Clarisse*.

Ce fut en cette circonstance que Guillaume Ternant eut l'occasion de voir Robert Surcouf.

Le célèbre corsaire était encore un tout jeune homme, puisqu'il venait d'atteindre sa vingt-sixième année. C'était un homme d'une taille au-dessus de la moyenne, d'une prodigieuse vigueur sous des apparences élégantes et frêles. Il avait une beauté particulière du visage, qui résidait surtout dans l'expression étrangement farouche de ses prunelles pendant l'action et leur douceur presque féminine au repos. Cela lui avait fait une réputation unique parmi les Anglais, ses ennemis détestés, car, pour l'ensemble des lignes du visage et la régularité classique, le Malouin pouvait être tenu pour laid.

Il avait été blessé pendant le combat par un éclat de bois dont une écharde s'était profondément enfoncée dans sa main droite, ce qui le faisait beaucoup souffrir. Informé qu'il y avait un médecin à bord de la Bretagne, il passa sur le pont du trois-mâts et vint demander au docteur Ternant des soins que celui-ci fut trop heureux de lui prodiguer.

Avec une habileté consommée, le chirurgien brestois parvint à extraire l'écharde. Puis il fit saigner la plaie qu'il débrida, la lava à l'eau de mer et lui appliqua un pansement qui, au bout de huit jours, rendit à Surcouf l'usage de sa main.

Le corsaire l'en remercia avec effusion, et, embrassant les deux enfants du jeune médecin, dit à celui-ci, en lui tendant sa main gauche, la seule dont il pût encore se servir :

« C'est entre nous à la vie à la mort, docteur Ternant. Nous sommes doublement compatriotes, puisque je suis de Saint-Malo et vous de Brest. Si jamais vous, votre femme ou vos enfants avez besoin de moi, n'oubliez pas que je suis votre ami pour toujours. »

Et, soulevant de son bras herculéen le petit Guillaume, qu'il mit sur un cabestan, il s'écria :

« Docteur, si vous n'avez pas d'intentions spéciales au sujet de ce gamin, donnez-le-moi. J'en ferai un crâne marin.

— Oh ! oui, oh ! oui, s'écria le garçonnet en se jetant au cou du corsaire, je veux être marin comme toi. »

La *Bretagne* ne mit que huit jours à gagner l'île française. Le temps était magnifique et les Anglais n'osaient point inquiéter le commerce. Ils savaient Surcouf en course.

Hélas ! ce n'était là qu'un répit momentané pour le trois-mâts. Pour reprendre le chemin de l'Amérique, il devait revenir sur ses pas, affronter de nouveau le Cap, les dangers de la mer et ceux des hommes. Y échapperait-il ? Il n'y échappa point.

Lorsque, après une escale de dix jours, nécessaire à la réfection de l'approvisionnement et à la réparation de certaines avaries, le trois-mâts reprit la mer, il alla donner de nuit au cœur d'une croisière anglaise, sept vaisseaux sortis du Cap pour envelopper le redoutable marin qui venait d'humilier si cruellement le pavillon britannique. La *Bretagne* dut se rendre.

Les Anglais firent un tri parmi les prisonniers. Un quart d'entre eux fut interné au Cap, un autre quart embarqué sur un bateau qui faisait voile vers l'Inde.

Après quoi, le capitaine Kerruon et son équipage ayant été retenus pour les pontons, la *Bretagne*, débaptisée et devenue le *Earl of Essex*, transporta à Buenos-Ayres les restes des misérables émigrants dont l'extrême dénuement désarmait l'ennemi.

Parmi les captifs dirigés sur l'Inde, se trouvèrent le docteur Charles Ternant et sa famille.

Avec une barbarie injustifiable, le père fut séparé de sa femme et de ses enfants. L'esprit soupçonneux des geôliers mettait d'un côté les hommes, de l'autre les femmes. Les premiers furent internés dans l'île de Salsette, près de Bombay ; on déposa les secondes sur divers points de la côte de Malabar. Ce fut une captivité cruelle et inique. Entassés dans un îlot pestilentiel, n'ayant pour s'y coucher que des paillotes à moitié effondrées, pour nourriture que quelques poignées de riz, les infortunés prisonniers furent rapidement fauchés par la maladie.

Le docteur Ternant fut du petit nombre de ceux qui résistèrent à l'influence pernicieuse du climat.

Mais, dans cette promiscuité de la geôle, énervé par les procédés ignominieux et les mauvais traitements, il ne fut pas toujours maître de son humeur et, un jour que l'acharnement des gardiens avait poussé à bout sa longanimité, il s'emporta au point de reprocher durement à l'officier surveillant son manque d'égards.

Désireux de faire preuve d'éducation, celui-ci répondit aux reproches du Français en lui adressant des témoins.

A cette époque, la loi anglaise ne faisait point un crime du duel. Ternant prit deux seconds parmi ses compagnons de captivité.

Les prisonniers n'avaient point d'armes, cela va sans dire. Il était défendu, sous peine de mort, aux soldats qui les gardaient de leur laisser le moindre instrument ou ustensile qui pût avoir l'apparence d'une arme. Ils n'avaient ni couteaux, ni marteaux, en un mot, aucun outil qui pût devenir un objet ou un moyen d'offensive. Il semblait donc que la rencontre fût rendue impossible.

Déjà l'officier goguenard avait fait offrir au médecin un duel à la boxe, et le Breton, sans s'intimider, avait accepté cet ultimatum.

Il avait ajouté pourtant aux conditions du cartel :

« Dites au lieutenant Seaford que je me réserve, après un combat à coups de poings, de lui demander une réparation par les armes, s'il m'arrive de m'en procurer par un moyen quelconque. »

Et l'Anglais, s'esclaffant de rire, avait souscrit à cette clause.

Or, il advint que l'ayah hindoue, chargée de porter au docteur sa maigre pitance quotidienne, lui remit clandestinement une paire de ciseaux dont l'une des branches était arrondie.

Dévisser les ciseaux, aiguiser sur une pierre dure la branche ronde, afin d'en faire une pointe sensiblement égale à celle de l'autre branche, puis attacher l'une et l'autre à deux rotins très lisses, fut pour le médecin l'affaire d'une journée de travail.

Le lendemain, il se présentait au combat à l'heure dite et administrait à l'Anglais une raclée à la boxe, une de ces raclées que les seuls Bretons savent donner aussi magistralement.

Il n'en fallut pas davantage pour déterminer l'officier à accepter le duel bizarre qui s'offrait à lui comme une revanche.

Là encore, le docteur Ternant fut victorieux.

Il plongea toute sa pointe, soit environ trois pouces d'acier dans l'épaule droite de son adversaire. Lui-même reçut au poignet une estafilade à laquelle il n'attacha aucune importance.

La malchance voulut que l'acier fût rouillé.

La plaie s'envenima et la gangrène s'ensuivit. En peu d'heures l'état du médecin français devint critique. Il n'y avait là aucun chirurgien pour faire l'amputation rendue nécessaire.

Les conditions défavorables du séjour, la température humide et les miasmes d'un sol marécageux amenèrent rapidement une aggravation.

Quarante-huit heures plus tard, le docteur Ternant était mort.

Il mourut, les yeux pleins de larmes au souvenir de sa femme et de ses enfants.

On l'enterra sans prières, sans cercueil, dans une fosse creusée à la hâte au pied d'un banyan. Les prisonniers y plantèrent une croix de bois.

Et tandis que le père mourait ainsi à Bombay, de l'autre côté de la péninsule indienne, la veuve et les enfants, gardés à vue par des cipayes anglais, unissaient leurs prières et leurs sanglots.

Ce fut pour eux une immense douleur que d'apprendre la fin cruelle de leur unique protecteur. Les autorités anglaises se laissèrent pourtant émouvoir par leur détresse, et l'on accorda à la malheureuse famille l'autorisation de s'établir à Ootacamund, sur les premiers contreforts des monts Nielgherries.

De la petite fortune sur laquelle Ternant avait compté pour se créer une situation, il resta juste assez à sa veuve pour occuper une maison solitaire, à la lisière des bois, et s'assurer une existence tout à fait voisine du dénuement.

C'était l'exil, non plus seulement sur une terre étrangère, mais dans un pays absolument inconnu, loin du contact de la civilisation blanche, avec le désespoir de ne plus jamais revoir le ciel de la patrie, les horizons sacrés de la « douce France ».

CHAPITRE II
L'ENFANCE D'UN CAPTIF

Mme Ternant était une noble femme, au cœur vaillant, que l'adversité ne devait point abattre. Elle fut à la hauteur de sa tâche et des épreuves cruelles que lui infligeait la destinée.

Seule, sans époux, sans ami, n'ayant d'autres relations que celles de deux familles de planteurs anglais établis dans son voisinage, c'est-à-dire à dix milles de distance, elle entreprit de faire face à toutes les difficultés de sa nouvelle situation et de donner à ses enfants une éducation qui leur permît de conserver en leur jeune mémoire le souvenir et l'amour de la patrie perdue.

A dire le vrai, c'étaient de fort braves gens que ces colons anglais, venus en ces lieux presque sauvages pour y essayer la culture du café, que le gouvernement de la métropole encourageait à l'aide de subventions et de primes assez considérables.

L'une des deux familles, la plus nombreuse, était irlandaise. Elle comptait, en outre du père et de la mère, sept enfants, dont cinq étaient des garçons, grands, robustes, très développés pour leur âge, aidant leurs parents dans les travaux de surveillance de la plantation.

La communauté de religion créa tout de suite un lien de sympathie entre la veuve et les enfants du docteur Charles Ternant et le foyer de Patrick O'Donovan. Les mois puis les années resserrèrent ce lien, si bien que les deux mères décidèrent que l'on raccourcirait les distances en construisant deux maisons nouvelles et plus voisines aux confins des deux domaines.

L'amitié ne fut pas seule à provoquer ce rapprochement.

Une sage entente des intérêts réciproques détermina Patrick O'Donovan à prendre en mains la gestion des maigres ressources de Mme Ternant.

En même temps, il offrit à celle-ci d'associer Anne et Guillaume aux leçons qu'il donnait à ses propres enfants.

La veuve accepta avec reconnaissance cette offre généreuse. Mais, bonne et ferme patriote, elle fit tout de suite une réserve.

« Je vous demande de vous rappeler que, si vous êtes un sujet fidèle du roi George d'Angleterre, je suis la fille d'une grande nation qui s'appelle la France, et j'entends que Guillaume soit un bon Français. »

Patrick ne répondit à cette noble parole qu'en secouant énergiquement la main de sa voisine. Puis, après un assez long silence, il articula péniblement, en un français des plus fantaisistes, ces mots :

« Je comprends si bien votre sentiment, que, si, pour une cause ou pour une autre, vous ne pouviez veiller vous-même à l'éducation de votre fils, moi, Patrick O'Donovan, je lui enseignerais ce qu'il doit d'amour à un pays qui n'a point hésité, il y a dix ans à peine, à tendre la main à l'Irlande persécutée. »

A partir de ce jour, Anne et Guillaume vécurent dans l'intimité de leurs bons amis irlandais. Patrick tenait à justifier la confiance de Mme Ternant et il ne perdait pas une occasion de rappeler au petit garçon ses origines et le culte qu'il avait voué à sa patrie. Il lui parlait de Jacques II débarquant en Irlande, soutenu par une armée française que Louis XIV avait mise à sa disposition et qui succomba sous le nombre à Drogheda ; du général Humbert et de sa poignée de braves qui, pourtant, s'étaient couverts de gloire dans une expédition malheureuse.

Si bien qu'un jour le petit Will (Will est le diminutif de William, traduction anglaise de Guillaume) osa dire au bon Pat :

« Alors, bon ami, si je retournais en France pour me battre contre les Anglais, vous n'auriez aucun ressentiment contre moi ? »

A quoi le fils de la verte Erin répondit loyalement :

« Sachez, Will, que, loin de vous blâmer, si vous pouviez accomplir un tel dessein, je vous mépriserais si vous ne le faisiez point. »

Il ne pouvait donc exister aucun malentendu à ce sujet.

Cependant, depuis l'événement qui avait causé la captivité de la famille Ternant et la mort de son chef, la paix d'Amiens avait été signée, paix éphémère, hélas ! qui n'avait pas permis à Mme Ternant de réaliser ses projets de retour en France.

Le camp de Boulogne et le canon d'Austerlitz avaient rallumé la guerre entre les deux nations. Elle devait durer sans merci jusqu'à la chute suprême de Napoléon dans les champs de Waterloo.

Or, tandis que s'accomplissaient les événements gigantesques qui bouleversaient la face de l'Europe, au pied des monts Nielgherries, dans ce coin perdu de l'Inde, où l'Angleterre, dans la fièvre de son formidable duel, n'avait pu encore asseoir les fondations de son vaste empire colonial, Anne et Guillaume grandissaient paisiblement, entre les leçons pratiques de O'Donovan et l'instruction religieuse et morale que leur donnait une mère pieuse et fidèle aux souvenirs.

Sous l'influence d'un climat propice aux précoces développements, les deux enfants avaient rapidement crû en force et en intelligence.

Mieux que toute autre démonstration, l'existence un peu rude qu'ils menaient leur était un moyen d'éducation pleine de courage et de magnanimité.

La région qu'ils habitaient était surtout peuplée d'une population manifestement dégénérée, vivant dans un état d'abjection matérielle et morale telle qu'on pouvait la considérer comme irrémédiablement déchue.

Assujettis aux plus dégradantes superstitions, n'ayant plus que de très vagues notions de la dignité humaine, ces pauvres gens se contentaient d'une nourriture grossière et ne cherchaient même pas à améliorer leur sort par le moyen des ressources que la sollicitude des blancs pouvait mettre à leur disposition.

Le pays, montagneux, était entouré de forêts épaisses, presque vierges, riches en territoires de chasse, où le gibier abondait.

Là se voyaient pas troupeaux nombreux le grand cerf moucheté, et aussi cette espèce, délicate et frêle, de si petite taille qu'elle n'excède pas la hauteur d'un agneau, les antilopes nilghauts, les mouflons aux vastes cornes en spirale, les buffles sauvages et les gaours, ruminants d'un voisinage dangereux.

On y trouvait aussi l'éléphant et le rhinocéros, le sanglier et le babiroussa, des ours, des léopards, des panthères, d'innombrables variétés de serpents venimeux et parmi tous ces hôtes redoutables, le plus terrible de tous, le grand *bâgh* rayé, le seigneur tigre, roi et maître incontesté de la jungle.

Guillaume et Anne eurent l'occasion de faire la connaissance du mangeur d'hommes en d'inoubliables circonstances.

Cela leur arriva un matin où, avec l'imprudence de leur âge, ils s'étaient aventurés seuls à la lisière de la forêt.

Il y avait, à quelque distance de leur habitation, un ruisseau sur les bords duquel fleurissaient d'admirables orchidées, objet de leur convoitise.

Malgré les défenses de leur mère, malgré les sages avis de Patrick O'Donovan, les deux enfants avaient formé le projet d'aller en cachette jusqu'au ruisseau pour y cueillir les merveilleuses fleurs.

Ce projet, ils le mirent à exécution un après-midi.

L'eau limpide et pure n'était pas seulement le bassin d'alimentation d'une végétation luxuriante, c'était aussi l'abreuvoir ordinaire des fauves.

Là venaient, à la chute du jour, les gazelles et les nilgauts, les daims et les cerfs mouchetés. Des vols d'oiseaux au plumage varié y prenaient leurs ébats, parmi lesquels des grues couronnées, des faisans, des kouroukous et des pans à l'ample queue ocellée d'or et de velours.

Or, ce jour-là, la faune et la flore semblaient être en joie.

Jamais les deux petits imprudents n'avaient contemplé un plus radieux assemblage de corolles gemmées et parfumées ; jamais de plus beaux oiseaux, de plus riches insectes n'avaient ébloui leur vue.

Il semblait que tout obéît à un mot d'ordre de séduction et d'enchantement.

Anne et Guillaume se laissèrent donc attirer par le magique spectacle. Ils franchirent à la dérobée les bornes du petit domaine, éludant la surveillance des domestiques hindous attachés à leurs personnes.

A peine hors de l'enclos, et de peur d'être surpris, ils se donnèrent carrière. La main dans la main, le frère et la sœur s'élancèrent en courant.

Mais il y avait tout près d'un mille entre le ruisseau et la maison.

Et, sur le parcours, la nature prodigue avait émaillé l'herbe de ses plus riches trésors. La tentation fleurissait en bouquets odorants au-devant de leurs pas. Insoucieux, ils tendaient leurs mains et cueillaient les plus fraîches, les plus belles fleurs, sans prendre garde aux embûches de cette végétation tropicale, aux cobra-capello et autres reptiles hideux, au venin mortel, dissimulé sous ces tapis de verdure.

«Will, criait Anne, sans modérer ses transports, viens donc voir ce papillon. Je n'en ai jamais vu d'aussi grand, d'aussi beau.»

Et Will accourait complaisamment, pour collaborer à l'enthousiasme de sa sœur, plus imprudent qu'elle.

Ils avaient atteint ainsi la rive du ruisseau et fait ample cueillette. Les bras chargés de bouquets, ils s'apprêtaient à reprendre le chemin de la maison.

Un incident imprévu vint leur faire oublier l'heure du retour.

A quelques pas d'eux, un paon magnifique venait de se poser sur une branche en faisant la roue, non sans pousser, de temps à autre, le cri désagréable qui est le revers de cette magnifique médaille.

Tout à coup l'oiseau superbe, quittant la branche, sauta sur la berge, à quelque vingt ou trente mètres des enfants, et se tint immobile.

On l'eût dit changé en statue, tant il demeurait paralysé.

Un objet, encore invisible pour les enfants, fascinait ses regards.

Les Indiens assurent que le paon subit de la part du tigre le même phénomène d'hypnotisme que les animaux de moindre taille subissent en face du serpent. L'expérience allait donner raison à l'assertion des Indiens.

Tandis que les deux enfants, sans méfiance, s'absorbaient dans la contemplation du bel oiseau immobile, voici que les herbes de la rive s'écartèrent insensiblement, et un félin de grande taille s'approcha, dardant sur le paon fasciné l'éclair de ses larges prunelles d'or.

Ni Anne ni Guillaume ne l'avaient vu venir.

« Oh ! vois donc, Will, disait, à voix basse, la petite fille à son frère, vois donc comme il tremble. On dirait que ses belles plumes se fanent et que ses couleurs se ternissent. »

Et, soudain, elle se tut. Le sang s'était glacé dans ses veines.

Elle venait d'apercevoir le tigre rampant dans les hautes herbes, prêt à bondir sur le malheureux volatile pétrifié par le danger.

Par bonheur, ils étaient sous le vent de la bête et dissimulés par un fourré.

Will saisit sa sœur par la main et lui fit faire un pas de retraite.

Derrière eux, à trois ou quatre cents mètres, un arbre se dressait dont les branches très basses permettaient un accès facile.

Guillaume savait que le tigre ne grimpe point aux arbres. Il suffisait donc d'atteindre l'arbre pour être momentanément à l'abri.

L'enfant fit un second pas, puis un troisième, faisant reculer sa sœur la première, la couvrant résolument de son corps.

Ils gagnèrent ainsi quelques pas dans la direction de l'arbre.

Le tigre était trop absorbé par la fascination de sa proie pour s'occuper d'autre chose. Cela permit aux deux enfants de se rapprocher de l'arbre.

Ils allaient l'atteindre lorsque Anne fit un faux pas et tomba.

Ce bruit rompit l'immobilité du paon. L'influence qui pesait sur lui en fut violemment rompue, et l'oiseau s'envola, avec un cri perçant, au moment même où le félin, après un long frémissement de sa croupe, s'élançait en avant, les griffes tendues pour le saisir.

La déception du bâgh se traduisit par un rauque rugissement.

Et, tout aussitôt, détournant la vue, il découvrit les deux petits fugitifs.

En deux bonds formidables, il eut franchi l'étroite barrière du ruisseau.

Il apparut alors dans toute sa formidable beauté.

C'était un tigre royal de la plus grande taille, mesurant onze pieds anglais du museau à l'extrémité de la queue. Sa robe de safran était rayée de larges bandes de velours noir. Ses bajoues, son col et son poitrail étaient d'un blanc de neige.

Il fit entendre deux ou trois feulements de surprise joyeuse.

Le paon n'était pour lui qu'un pis-aller, un repas maigre. Il trouvait une ample compensation en cette abondance de nourriture et savait, par expérience, combien est préférable la chair d'homme, la chair d'enfant surtout.

Anne s'était relevée sans aucun mal. L'imminence du danger lui avait donné des ailes et elle s'était enfuie vivement vers l'arbre, dont elle escaladait déjà les basses branches, tandis que Guillaume, transfiguré par le courage, à la pensée du péril de sa sœur, faisait face crânement au terrible adversaire.

Il reculait, pas à pas, sans perdre sa présence d'esprit.

Mais le tigre se rapprochait à chaque bond, et il était à craindre qu'il n'atteignît le petit garçon avant que celui-ci eût pu s'élever assez haut dans les ramures pour éviter l'élan de l'implacable félin.

Au moment où Will, saisissant le tronc d'une main, se soulevait à la force du poignet et parvenait à poser son pied sur l'une des branches transversales, un élan de la formidable bête l'amena à moins de deux mètres de l'arbre.

« Monte, Will, monte vite, criait Anne, la voix étranglée par l'angoisse. »

Mais Guillaume, à son tour, semblait paralysé par le regard du monstre.

Peut-être subissait-il le même phénomène d'hypnotisme que le paon ?

Il demeurait inerte sur les basses branches, incapable de faire le moindre mouvement, proie offerte sans défense au « mangeur d'hommes ».

Celui-ci, sûr de sa victime, ne bondissait plus maintenant.

Il se traînait, le ventre au sol, la gueule ouverte, passant et repassant sa langue rouge sur ses canines aiguës et sur son mufle rétracté par une ride féroce.

Encore trois ou quatre pieds, et le ressort de ces jarrets d'acier se détendrait, et l'effrayante bête saisirait l'enfant entre ses crocs mortels.

« Monte, monte, Will, suppliait Anne, à travers ses sanglots. »

Mais Will n'entendait pas. Il n'avait pas la conscience des circonstances. Une hébétude soudaine annihilait ses facultés d'action.

Cependant le tigre rampait toujours et se rapprochait de plus en plus.

Brusquement, il s'arrêta.

Anne jeta un cri de désespoir.

Mais, au lieu de s'aplatir dans l'herbe, afin de prendre son élan, le fauve venait, au contraire, de se redresser, comme pour faire face à quelque adversaire inattendu. En même temps, de sa gorge de bronze, un rugissement jaillissait, clameur de colère et de défi.

C'est qu'en effet un ennemi venait de surgir inopinément.

Et le mouvement du félin avait, une fois encore, rompu le charme qui paralysait Guillaume. Rendu à sa liberté, le petit garçon avait rapidement grimpé dans l'arbre, avec la souplesse d'un écureuil.

Tout cela s'était accompli avec la vitesse de la pensée.

Et, maintenant, les deux enfants, haletants, suivaient d'un œil avide le spectacle du drame qui se jouait à leurs pieds et dont ils n'étaient plus que les comparses.

L'homme si miraculeusement survenu était immobile, l'arme étendue et fermement fixée au creux de l'épaule. D'un regard imperturbable il suivait toutes les ondulations de la bête, attendant le moment propice pour faire feu à coup sûr.

Comme s'il eût eu conscience du péril qui le menaçait, le tigre ne tenait pas en place. Il allait et venait dans tous les sens, par bonds inégaux et gracieux qui faisaient valoir toute l'élégance de sa forme et des chatoyants reflets de sa robe d'or.

Il cherchait à tourner son adversaire, n'osant l'attaquer en face.

Mais celui-ci ne le perdait pas de vue et, quelques feintes savantes qu'exécutât le félin, il retrouvait toujours devant lui la gueule menaçante du fusil.

Las sans doute de ce manège inutile, il se décida à charger.

Ses pieds quittèrent le sol et il s'enleva d'un essor prodigieux.

Une détonation ébranla les échos de la forêt et roula longuement sous les voûtes feuillues. Le monstre n'acheva point son élan.

Il retomba lourdement à la place qu'il venait de quitter.

Une ou deux convulsions suprêmes l'agitèrent, et il resta immobile.

Il était mort.

La balle avait fait infailliblement son œuvre. Elle était entrée dans le poitrail, au défaut de l'épaule, perforant le cœur, foudroyant l'animal.

Le chasseur s'approcha du superbe cadavre et le toucha du pied.

Alors, voyant qu'il ne remuait plus, tandis qu'un flot de sang s'épanchait par la gueule ouverte du monstre, il se tourna vers l'arbre.

« Allons ! cria-t-il aux enfants, vous pouvez redescendre. Le mangeur d'hommes ne mangera plus personne. »

Il disait cela d'une voix fraîche et jeune, pleine d'intonations amicales.

Guillaume et Anne se sentirent tout de suite gagnés par cet accent et par ces paroles, d'autant plus que l'inconnu leur avait parlé en français.

D'ailleurs, qu'auraient-ils pu craindre de lui ? N'était-il pas leur sauveur ? ne venait-il pas de les arracher au plus effroyable des périls ?

Ils se rendirent donc à l'invitation et s'empressèrent de descendre.

Là, serrés l'un contre l'autre, pleins d'une timidité admirative, ils se mirent à considérer le nouveau venu de tous leurs yeux, sans prononcer une parole.

Le chasseur éclata d'un beau rire qui acheva de les gagner.

« Ah çà ! s'écria-t-il, qu'avez-vous donc à me contempler ainsi ? Ne voyez-vous pas que le bâgh est mort et qu'il n'y a plus de danger ? »

Ce fut Anne qui la première recouvra son sang-froid.

« Vous êtes bien bon, monsieur, dit-elle, d'avoir tué le bâgh. Pourquoi parlez-vous en français ? Vous n'êtes donc pas Anglais ?

— Pas plus que vous, mes enfants, répondit l'étranger avec émotion, et je vois que vous êtes précisément ceux que je cherche, les enfants du docteur Ternant.

— Papa est mort, dit tristement Anne, il n'y a plus que maman. »

Les yeux de l'inconnu se mouillèrent, ce qui acheva de le rendre sympathique aux enfants. Il passa vivement la main sur ses paupières et dit :

« Conduisez-moi vers votre mère. Je suis un ami de votre père. »

Cependant le bruit du coup de feu avait été entendu des deux maisons.

Des gens empressés accouraient ; des voix appelaient dans l'éloignement :

« Anne ! Will ! Où êtes-vous ? »

Et, parmi ces voix, une dominait, pleine d'angoisses, une voix de femme.

« Voilà maman », fit le petit Guillaume, contrit.

Et, n'obéissant qu'à son cœur, le petit garçon répondit :

« Nous sommes ici, maman chérie. Tu peux venir. »

Mme Ternant apparut essoufflée, haletante, et, comme une lionne affolée, se jeta sur les deux imprudents, qu'elle étreignit passionnément, sans faire attention à la présence de l'étranger, debout, appuyé sur son fusil.

En même temps qu'elle, Patrick O'Donovan et les aînés de ses fils, des domestiques des deux sexes, envahissaient la clairière et s'arrêtaient, frappés d'une stupeur admirative, devant le cadavre gigantesque du bâgh.

« Mes enfants, mes chers petits ! » pleurait Mme Ternant, qui n'avait pas la force d'adresser des reproches aux deux délinquants.

Mais Patrick s'était avancé vers l'inconnu et lui avait tendu la main.

« Je devine, lui dit-il en anglais, que c'est vous qui avez tué la bête et sauvé les deux enfants. Je vous en fais tous mes compliments.

— Oui, s'écria Guillaume, échappant à l'étreinte de sa mère, c'est le gentleman qui est venu pendant que nous étions dans l'arbre et qui a tué le bâgh.

— Et, ajouta Anne, tout à fait remise de son émotion, sans lui, Will était mangé. »

Alors Mme Ternant, rendue à la réalité, s'approcha du jeune homme et le remercia avec effusion, des larmes pleins les yeux.

« Je ne sais qui vous êtes, monsieur, mais je sais que je vous dois la vie de mes enfants. »

L'inconnu salua gracieusement et baisa la main de la veuve.

« Madame, dit-il, je suis le marquis Jacques de Clavaillan et je viens vous apporter le dernier souvenir du bon Français qui fut votre mari.

— Un souvenir de mon mari ? » s'écria la pauvre femme, au comble de l'émotion. Et elle pria le voyageur de vouloir bien accepter l'hospitalité sous son toit.

Pendant ce temps, les serviteurs hindous faisaient un brancard et chargeaient le gigantesque félin pour l'emporter au domicile de la veuve.

Mme Ternant donna l'ordre à son babourchi de préparer un repas qui pût rassembler à la même table, outre le chasseur providentiel qui avait sauvé Anne et Guillaume, tous les membres de la famille O'Donovan, ses amis.

Il y eut fête, ce jour-là, dans le bungalow des pauvres exilés.

Il y avait cinq ans que la veuve n'avait pas revu ses compatriotes, cinq ans que son oreille n'avait pas perçu le son du cher parler national, de la langue maternelle, cette langue de France, douce au cœur.

On interrogea donc le visiteur ; on voulut savoir comment il avait pu connaître la résidence des captifs de la *Bretagne* et les retrouver.

« Certes, expliqua le jeune homme, ça n'a pas été facile. L'état de guerre continue entre les deux nations rendait toute investigation ardue, pour ne pas dire impossible ; mais, dès que la paix a été signée entre le cabinet de Saint-James et le gouvernement du Premier Consul, j'ai pu reprendre des recherches qui me tenaient au cœur. »

Il raconta alors comment, fils d'émigré, il avait, à quinze ans, couru les mers, de l'Ile-de-France aux Antilles, saisissant toutes les occasions de se battre contre la rivale séculaire de la France ; comment à vingt-quatre ans il avait rencontré Surcouf, à peine plus âgé que lui de quatre ans ; comment, fait prisonnier à la suite d'un violent combat à Colombo, combat dans lequel il avait été laissé pour mort, il était demeuré captif des Anglais, qui, par estime pour sa valeur, ne l'avaient ni fusillé, ni pendu, selon la loi martiale appliquée aux corsaires, mais retenu dans une étroite geôle.

C'était ainsi qu'il avait fait la connaissance du docteur Charles Ternant, qui l'avait soigné avec un dévouement infatigable, et qu'il s'était juré de lui payer sa dette de reconnaissance, en même temps que celle de Surcouf, son chef et son ami.

« Madame, dit-il en terminant, j'ai dû différer le paiement de cette dette jusqu'à la paix, car il n'était pas en mon pouvoir de remplir plus tôt ce cher devoir de mon cœur. C'est entre mes bras qu'est mort le docteur Ternant, et son plus grand chagrin, je puis vous l'assurer, était de penser à l'état de détresse auquel la captivité avait pu vous réduire, vous et vos chers enfants.

« Je l'ai rassuré en lui promettant que, sitôt libre, je m'attacherais à vous rejoindre pour vous porter le don de ma reconnaissance et de celle de Surcouf. Il a plu à Dieu de m'accorder cette faveur. Permettez-moi donc de m'acquitter de ma dette. »

Ce disant, le marquis de Clavaillan tirait de sa ceinture de cuir un portefeuille bien garni. Il y prit une enveloppe de papier de laquelle il fit sortir quatre traites de quatre cents livres sterling chacune sur une maison anglaise de Madras.

Il y eut un moment d'effarement au pauvre foyer.

Ces quarante mille francs, tombant pour ainsi dire du ciel, constituaient une véritable fortune pour les exilés.

Mme Ternant ne put retenir ses larmes, ce que voyant, les enfants pleurèrent avec leur mère, si bien que Jacques de Clavaillan, plus ému qu'il ne voulait le paraître, essaya de donner un autre cours à la conversation en jetant une exclamation joyeuse :

« Si ma présence ici provoque des larmes, je n'ai qu'une chose à faire, c'est de repartir au plus vite, c'est-à-dire dès ce soir. »

Cette plaisante menace ramena tout aussitôt la gaîté.

On parla d'autre chose. On fit raconter au jeune et vaillant aventurier ses prouesses. Il s'y prêta de bonne grâce et émerveilla son auditoire par le récit des exploits fabuleux du corsaire.

Guillaume l'écoutait, bouche bée, les yeux étincelants.

Tout son petit corps frémissait. Une généreuse ardeur éclatait dans son regard, dans son attitude. Parfois de brèves imprécations jaillies de ses lèvres exprimaient au narrateur le vif intérêt que le garçonnet prenait à son récit et soulignaient les épisodes les plus pathétiques. Jamais conteur n'obtint plus chaud ni plus sincère succès.

Quand il eut fini, le petit Will se leva d'un bond et courut au jeune homme, qu'il enlaça de ses bras avec passion.

« Je veux être marin comme vous, monsieur de Clavaillan, marin comme Surcouf. Je veux faire la guerre aux Anglais et ramener maman et Anne en *Bretagne*. Conduisez-moi auprès de Surcouf. Je veux aller avec vous. »

Et, comme Mme Ternant poussait un cri d'alarme, il reprit :

« Oh ! ne t'inquiète pas, maman. Ce n'est pas toi, une Bretonne, qui voudrais m'empêcher d'être marin. N'oublie pas, d'ailleurs, que papa lui-même a promis à Surcouf de me donner à lui. »

Il ne fallait pas s'attendre à un consentement immédiat.

Le cœur d'une mère ne se résigne point ainsi à la séparation.

Mme Ternant pleura derechef et fit des reproches à son fils.

« Guillaume, lui dit-elle, est-il vraiment possible que tu songes à t'éloigner de nous ? N'est-ce pas assez d'avoir perdu ton père ? Qu'allons-nous devenir, ta sœur et moi, deux pauvres femmes sans protection, si tu nous quittes à ton tour ? »

Mais Will avait la riposte prompte et ne manquait pas d'esprit :

« Maman, répliqua-t-il, de quel secours peut vous être un enfant de dix ans au milieu des difficultés de la vie ? Tandis qu'à cet âge je puis commencer l'apprentissage de l'existence et devenir un homme en passant par la bonne école. Je serai l'élève de M. le marquis de Clavaillan, le mousse de Surcouf.

—Le mousse de Surcouf!» répéta Mme Ternant comme un écho lamentable.

Quelqu'un intervint, et prit fait et cause pour Guillaume. Ce fut sa sœur.

«Maman, fit résolument Anne, je crois que Will a raison et que c'est en commençant de bonne heure qu'il sera plus tôt un homme.

«Je suis donc d'avis que tu le laisses suivre M. de Clavaillan, si M. de Clavaillan consent à se charger de lui.

— Certainement, que je m'en charge, dit allègrement Jacques. Et puisque vous parlez si gravement, ma petite héroïne, je vous déclare que, dès que vous serez en âge de vous marier, je viendrai demander votre main à Mme Ternant. J'espère qu'elle ne refusera pas.

— Ni moi non plus », s'exclama étourdiment la fillette.

Ainsi furent décidées en une seule soirée la vocation de Guillaume et les fiançailles d'Anne, sa sœur. Patrick O'Donovan en fut témoin.

M. de Clavaillan fut, un mois durant, l'hôte de la famille Ternant, après quoi il partit, emmenant Guillaume avec lui.

CHAPITRE III
INITIATION

Les adieux furent cruels assurément et les pleurs du petit Will ne furent pas les moins amers. Au moment d'entrer dans la rude carrière qu'il venait de choisir, la chair eut une faiblesse et son cœur se déchira à la pensée de quitter sa mère et sa sœur. Mais sa résolution était bien prise. Il triompha des dernières émotions, surtout lorsque sa sœur, en essuyant ses yeux, lui eut dit :

« Will, dans cinq ans tu seras un homme. Ce sera le moment de venir nous chercher. Ne l'oublie pas.

— Personne ne l'oubliera, dit Jacques en mettant un baiser au front de la fillette. Ayez vous-même bonne mémoire, ma gentille fiancée. »

On brusqua le départ afin d'abréger les tristesses de la séparation.

Jacques avait retenu deux chevaux et un guide, avec lesquels il parcourut rapidement la distance qui le séparait de Madras.

Là, il trouva trois prisonniers français, dont deux étaient d'anciens matelots ayant blanchi sous le harnais. Leur jeunesse avait connu l'un des plus vaillants champions de la France, le bailli de Suffren. Plus tard, ils avaient servi sous les ordres de La Bourdonnais. Clavaillan leur offrit de les rapatrier ou, tout au moins, de les ramener jusqu'à l'île Bourbon. Sa proposition fut accueillie avec enthousiasme.

On s'enquit donc du premier navire en partance et les cinq places furent retenues à bord d'un voilier qui allait emporter un chargement de bois de teck en Europe. Il fallut néanmoins se résigner à séjourner quelque temps dans la cité anglaise. Jacques de Clavaillan, en raison même de son renom de vaillance, y fut fêté par ses ennemis.

Chacun voulait voir et connaître le glorieux lieutenant du jeune corsaire qui avait causé tant d'effroi aux rois de la mer.

La veille du départ, tandis que les cinq voyageurs mettaient en ordre leur très sommaire bagage, le capitaine du navire en partance vint se présenter à l'hôtel où demeurait le marquis.

Celui-ci fut très surpris de cette visite inattendue.

« Monsieur, lui dit l'Anglais, je viens vous rapporter les sommes que vous aviez consignées pour prix de votre passage à mon bord.

— Hein ! se récria Jacques. Qu'est-ce que cela veut dire ?

— Cela veut dire qu'un courrier est arrivé d'Europe, que la guerre est reprise entre l'Angleterre et la France, et que, par conséquent, je ne puis vous transporter hors de l'Inde où vous êtes derechef prisonniers.

— Mais, fit observer Clavaillan, nous avons été libérés pendant la paix. Nous ne saurions donc, sans forfaiture, être retenus contre notre gré. »

Le capitaine fit un geste évasif et finit par dire :

« Ceci n'est pas mon affaire. Adressez-vous au gouverneur. »

Le marquis courut chez lord Blackwood, qui commandait à Madras.

Il fut reçu avec la plus parfaite courtoisie.

« Monsieur le marquis, lui dit galamment le gouverneur, le mot « prisonnier » est, en effet, impropre. Vous êtes libres de tous vos mouvements sur toute l'étendue du territoire de l'Hindoustan. Mais vous ne sauriez exiger que l'Angleterre mît à votre disposition ses navires pour vous rapporter en un lieu où votre premier acte serait, je n'en doute pas, de reprendre les armes contre elle ?

— Milord, répondit Jacques, suis-je, oui ou non, libéré ? Si oui, ce que vous ne contestez pas, j'ai le droit de sortir du territoire britannique, sauf à vous de me donner la chasse aussitôt que j'en serai sorti et de me reprendre, si vous le pouvez.

— Votre raisonnement est on ne peut plus juste. Mais, par amitié pour vous et afin de vous épargner les périls et les ennuis d'une telle aventure, j'aime mieux vous garder près de moi. Inutile de vous dire que nous ferons notre possible pour vous adoucir les rigueurs de la captivité. J'ai donné l'ordre qu'on vous aménage un appartement au palais du Gouvernement. Vous serez mon hôte, vivre et couvert compris, et lady Blackwood sera heureuse de vous recevoir dans ses salons. »

Clavaillan salua ironiquement son interlocuteur.

« Milord, voici des procédés qui rappellent les temps du roi Louis XVI et de M. de Suffren. Mon père, bon gentilhomme, eut ainsi l'honneur, malgré son peu de fortune, d'héberger un colonel écossais pris au combat d'Ouessant. Je vois que vous êtes digne de la vieille politesse française et vous en fais mon compliment.

« Mais avez-vous jamais ouï dire qu'on eût apprivoisé une hirondelle en cage et qu'elle n'ait pas forcé les barreaux de sa prison ?

— Fi ! monsieur le marquis, appelez-vous prison la demeure du gouverneur de Madras, et lady Blackwood ne vous semble-t-elle bonne qu'à faire une geôlière ? Je m'attendais à mieux de la galanterie d'un chevalier français. »

Clavaillan éclata de rire :

« Milord, on a toujours profit à l'entretien d'un homme d'esprit. Mais voyez quelle est mon incurable sottise. Tandis que vous me parliez avec cette bonne grâce, je me disais que milady Blackwood me tiendrait pour un homme de peu, si je ne parvenais à me dérober au plus tôt aux charmes de votre hospitalité. Rassurez-vous pourtant. Je ne prendrai la clef des champs qu'après avoir déposé mon hommage aux pieds de la grande dame qui vous inspire une si généreuse sollicitude à mon égard. »

Les deux hommes se séparèrent après un cordial shake-hand, l'Anglais riant de l'outrecuidance du Français, le Français méditant déjà tout un plan d'audacieuse d'évasion.

Celui-ci rentra donc à l'hôtel, où il trouva Will inquiet.

« Mon enfant, lui dit-il, il se passe des choses inattendues. La guerre est recommencée, et le capitaine qui devait nous ramener en France nous refuse désormais le passage, ce qui nous oblige à demeurer ici. »

L'enfant fixa sur le jeune homme un regard plein de désappointement.

On y lisait à la fois la contrariété causée par la nouvelle et la déception qu'il ressentait de trouver semblable résignation dans l'homme qu'il avait considéré jusqu'alors comme le plus indomptable des héros de la France, le plus farouche des amants de la liberté, préférant la mort à l'esclavage.

Tout cela, Clavaillan le lut dans les prunelles claires du petit Will.

Il en éprouva une humiliation, et ce fut comme un coup de fouet stimulant son désir d'indépendance, sa hâte de tenter une évasion.

Mais c'était un homme de grand cœur, ce Jacques de Clavaillan.

Il se dit que, s'il avait le droit, presque le devoir, de recouvrer violemment la liberté pour mieux servir la patrie, il ne lui était pas permis d'entraîner dans son aventure un enfant de onze ans qu'il avait ravi, pour ainsi dire, à sa famille, et priver une veuve du fils sur l'appui duquel elle comptait.

Il reprit donc, maîtrisant les révoltes de son orgueil et le frémissement de sa voix :

« Dans de telles conditions, tu dois le comprendre, il devient inutile que je te garde avec moi et que je t'éloigne de ceux qui te sont chers. Je vais donc te ramener à ta mère, dans les Nielgherries, et nous reprendrons nos projets dès que nous en trouverons l'occasion. J'espère que ce ne sera pas trop long. »

Il ne put continuer. Deux grosses larmes roulaient sur les joues de l'enfant.

« Pourquoi pleures-tu ? » questionna le gentilhomme troublé.

Will répondit, à travers ses hoquets :

« Je vois que vous ne voulez plus de moi. Si vous me ramenez aux Nielgherries, c'est, bien certainement, parce que vous avez l'intention de vous en aller d'ici tout seul pour rejoindre Surcouf. Vous m'aviez pourtant promis de m'emmener.

— Mon petit Guillaume, reprit affectueusement le marquis, tu es assez intelligent pour comprendre que, si telle est, en effet, mon intention, je ne puis t'associer à mon entreprise. Ce qui est possible à un homme ne l'est pas à un enfant, et je ne me pardonnerais pas de t'avoir jeté dans les périls d'une équipée.

— C'est bien cela, dit l'enfant. Vous voyez que je vous avais deviné.

« Eh bien, à mon tour de vous répondre que je ne veux pas retourner aux Nielgherries. Maintenant maman a fait son sacrifice, et je rougirais trop si j'étais obligé d'avouer à Anne que j'ai accepté votre proposition, que j'ai reculé devant la première épreuve qui s'offrait à moi. Si vous me ramenez malgré moi, je m'échapperai et je ferai seul ce que vous ne voulez pas faire avec moi. »

Il y avait une telle résolution dans ce jeune visage que Clavaillan ne put s'empêcher de sourire. Il tapa amicalement sur l'épaule de l'enfant.

« Allons ! fit-il, c'est bien une vocation. Arme-toi donc de courage et tiens-toi prêt au premier signal que je donnerai. Il ne sera pas facile de sortir de la surveillance anglaise. Mais l'Inde est grande et, à défaut des navires de John Bull, nous trouverons bien une barque de pêcheur malabar. »

Les yeux de Will rayonnèrent d'un beau feu d'audace. Il jeta un cri :

« Oh ! donnez-le vite, ce signal ! Il me tarde de vous montrer que j'ai du cœur.

— Parbleu ! répliqua le second de Surcouf, je n'en doute pas, gamin, et je te fournirai bientôt l'occasion de prouver ton courage. »

A partir de ce jour, le jeune homme et l'enfant n'eurent plus de secrets l'un pour l'autre.

Tandis que Jacques mûrissait son projet, Guillaume prenait avec les deux marins, tout acquis à l'idée, des leçons de gymnastique et de navigation. La bonne volonté qu'il y apportait suppléait au long entraînement qui lui eût été nécessaire en toute autre circonstance.

En quelques jours, Will apprit à nager vigoureusement au travers des plus fortes vagues, à grimper à la force des poignets aux troncs les plus ardus, à faire un nœud et une épissure, à manier l'aviron comme le plus expert des étudiants d'Oxford ou de Cambridge. Au bout de deux mois, sa souplesse naturelle, aidée de sa force accrue, l'avait rendu le plus adroit des acrobates. Evel, le matelot breton qui avait servi sous Suffren, put lui dire, avec un large rire d'approbation :

« Gurun ! Tu vas faire un mousse comme on en voit peu, gamin. »

Tous les soirs, lorsque les quatre hommes se réunissaient à la table commune, — car Jacques de Clavaillan avait pris à sa charge les frais faits par ses compagnons, — on s'entretenait à mots couverts du projet caressé par tous.

« Eh bien ! capitaine, demanda Piarrille, l'autre matelot, un basque de Saint-Jean-de-Luz, est-ce que le moment approche ?

— Oui, garçon, répliqua Clavaillan, et j'espère qu'après-demain nous serons parés pour nous tirer d'ici sans la permission des Ingliches.

— Ah ! Et comment comptez-vous vous y prendre ? questionna Evel.

— Je vous dirai ça tout à l'heure en nous promenant sur les quais. »

Une heure plus tard, les trois hommes et l'enfant arpentaient la grève sablonneuse qui longe la côte dangereuse de Madras, considérant les barques indigènes, les jonques et les sampangs chinois qui, seuls, pouvaient accoster ce rivage inaccessible aux grands vaisseaux européens.

« Nous voilà sur les quais, interrogea Piarrille Ustaritz, le Basque, je crois que vous pouvez parler sans crainte. Les Anglais ne montent pas la garde la nuit venue. D'ailleurs, ils savent que la barre suffit à garder l'entrée du port et que les requins ne laisseraient pas un nageur sortir tout entier de l'eau. Filer d'ici me paraît presque impossible.

— C'est pourtant d'ici que nous filerons, garçon, répliqua Jacques.

— Ah ! et comment, capitaine ? Nous n'avons pas d'ailes comme les albatros et les goélands. Et pour gouverner une de ces satanées pirogues de sauvages, il faut connaître les passes. Si encore nous avions un petit bout de chaloupe, comme on en fait dans mon pays, je crois qu'on pourrait se risquer tout de même, malgré la barre et les requins.

— Nous aurons la chaloupe, Piarrille, et même la plus belle qu'on puisse avoir, celle de milord Blackwood, gouverneur de Madras.

— Vous voulez rire, capitaine. Je ne connais que le canot de parade de lady Blackwood. Il est vrai que c'est une superbe embarcation avec son pont mobile à l'arrière, formant mufle, sa carène en bois de teck et son mât blindé de fer. On pourrait tenir la mer avec ça.

— Et c'est avec ça que nous la tiendrons, camarades, s'il plaît à Dieu.

— Mais, pour avoir la chaloupe, reprit l'incrédule Basque, il nous faut la prendre, et vous n'ignorez pas que le gouverneur a le plus grand soin du canot de sa femme. Madame en est jalouse comme une tigresse.

— Je suis très respectueux des dames, répliqua Jacques, mais la plus noble des dames, c'est encore madame Liberté. Voilà pourquoi je n'hésiterai pas à dépouiller milady Blackwood en faveur de notre liberté. »

Les deux hommes se mirent à rire de la boutade. Evel dit sentencieusement :

« Pour ça, capitaine, je suis votre homme. Vive la liberté !

— Donc, tu n'auras pas de scrupules, le moment venu, de prendre à madame la Gouvernante son embarcation de plaisance, matelot ?

— Dame, non, capitaine. Et, si nous parvenons à nous tirer d'ici et à prendre un bateau anglais, nous chargerons les goddems de rapporter la chaloupe à leur aimable compatriote. Ce ne sera qu'un prêt de quelques jours. »

Ces réflexions, échangées à voix basse, n'étaient que la vague indication d'un plan mûri apparemment par le jeune corsaire. Ses deux compagnons ne se trouvèrent pas suffisamment renseignés par ces brèves paroles, car ils poursuivirent leurs questions.

« Mais, capitaine, reprit Ustaritz, ce n'est pas tout de vouloir le bateau ; il faut encore le prendre, et ce n'est pas commode, vous savez.

— C'est pour en parler que je vous ai amenés ici. Allons inspecter ensemble le logis de l'embarcation. »

Ce disant, Jacques de Clavaillan entraîna ses amis vers un petit promontoire dominant la plage. Là, sous un bosquet de palétuviers, de manguiers et de tamaris, se dressait un élégant chalet de briques auquel on n'accédait que par une vaste porte aux gonds et aux verrous de fer. Le bois en était si dur qu'on n'aurait pu la briser à coups de hache.

A trois mètres du sol, sur chaque face de l'édicule, on avait percé des lucarnes destinées à aérer l'intérieur de la remise.

C'était là que, sur un berceau de bois de teck, reposait l'élégante embarcation. Un système fort ingénieux de crics et de poulies permettait à deux hommes de la soulever sur son chevalet et de la faire glisser jusque sur un berceau à roulettes, lequel, à son tour, courait sur des rails. Ces rails se prolongeaient au-delà du seuil de la porte et venaient affleurer la limite des hautes mers. Il suffisait donc de pousser le berceau sur les rails jusqu'à cette limite pour que les flots de la marée vinssent eux-mêmes prendre l'embarcation sur son traîneau.

Arrivés au pied de la maisonnette, les trois hommes en firent le tour, l'examinant avec attention, en étudiant toutes les particularités.

« Hé ! pitchoun ! grommela le méridional, tout ça, c'est joliment bien compris, mais pour les ceusse qui ont les clefs de la maison.

— Ces *Map Kagn* de Sauzons, ajouta Evel, avaient deviné que nous aurions un jour l'idée de prendre leur bateau. Ils l'ont mis dans une armoire qui ferme bien, et je ne vois pas le moyen d'ouvrir le placard.

— Pas du dehors, c'est sûr, Evel, mon gars, mais du dedans ? »

C'était Clavaillan qui venait de parler.

Le Breton ouvrit de grands yeux et regarda le chef d'un air incrédule.

« Du dedans, capitaine ? Mais le moyen d'entrer dans la cambuse ?

— Est-ce que les échelles ont été faites pour les chiens, gros malin ?

— Bon ! Mais les échelles, où les prendre ? Il y en a, bien sûr, dans la ville, mais les cipayes trouveraient peut-être drôle qu'on se promène la nuit avec des échelles sur les épaules.

— Evel, mon gars, tu es devenu marche à terre, tu es resté trop longtemps sur le plancher des vaches. Ça te fait du tort, ça se voit trop.

— Alors, capitaine, expliquez-moi ce que vous comptez faire, parce que, vous voyez bien, je ne devine pas où vous voulez en venir.

— Dis-moi, espèce d'empoté, quand M. de Suffren t'envoyait faire la faction sur les barres de perroquet, est-ce qu'on te hissait dans un fauteuil ?

— Dame non, capitaine ; je crochais dans les haubans.

— Eh bien, nous crocherons dans le mur, voilà tout. »

Evel parut satisfait. Mais, alors, ce fut le tour de Piarrille de soulever des objections. Et les siennes furent plus sérieuses.

« Bon, capitaine, dit-il. Nous grimpons comme des mouches, avec de la glu aux pattes, le long de ces briques. Mais regardez un peu là-haut voir si vous pourrez passer, et nous avec, par ces hublots-là ? »

Il montrait les étroites lucarnes qui s'ouvraient sous la toiture.

Un sourire railleur vint aux lèvres de Clavaillan.

« Si j'avais un prix de malice à donner, j'hésiterais entre vous deux, garçons. Faut croire que la bière anglaise et le riz t'ont épaissi la cervelle, mauvais Gascon, pour que tu aies le front de me dire de ces choses-là. »

Et attirant à lui Guillaume, qui n'avait pas encore ouvert la bouche :

« Et ce moussaillon-là, demanda-t-il, goguenard, pourquoi crois-tu qu'il a été créé et mis au monde, cabèce de moitié d'Espagnol ? »

Cette épithète, en tout autre temps, avait le don de faire grincer les dents au Basque, et de mettre au clair la navaja qu'il portait sur lui.

Mais, cette fois, elle le fit éclater de rire, tant il trouva d'esprit au chef, qui avait réponse à toutes les objections.

Au reste, le marquis s'empressa de leur exposer la suite de son plan.

« Écoutez : voici ce que nous ferons. Quand nous serons au moment, nous viendrons ici ensemble. Nous ferons la courte échelle au petit. Il grimpera jusqu'au hublot en emportant un bon filin pour redescendre dans la baraque. Là, il nous ouvrira la grande porte en tirant les verrous. Ce n'est pas plus malin que ça.

— Mais si les verrous sont rouillés ? intervint Evel, avec méfiance.

— Garçon, ta supposition serait fondée, si c'était des Bretons qui avaient la garde de la maison. Mais, avec les Anglais, il n'y a pas de danger. Tu comprends bien qu'ils ne laissent pas leurs ferrures si près de l'eau, dans un pays où il pleut quatre mois, sans les graisser. Donc, rien à craindre de ce côté-là. Le petit n'aura qu'à mettre son petit doigt sur les targettes et elles s'en iront toutes seules. Pas de doute à cet égard. »

Décidément, il n'y avait rien à répliquer. Evel et Ustaritz baissèrent la tête, se disant, en manière de dernier argument, que, d'ailleurs, avec un pareil homme, il y avait toujours une ressource, même contre l'impossible.

« Alors, comme ça, capitaine, se borna à dire le Basque, quand est-ce que nous partons ?

— Demain, à la marée, répondit Jacques, c'est-à-dire à minuit précis. »

Les quatre compagnons reprirent leur promenade sans avoir été vus.

Jacques leur avait exposé son projet dans toute sa minutieuse précision.

Le lendemain, en effet, il y avait fête au palais du Gouvernement.

Lady Blackwood donnait une soirée à laquelle elle avait invité non seulement ses compatriotes, mais encore tous les étrangers de distinction résidant à Madras. Jacques de Clavaillan était du nombre de ceux-ci.

Il se fût bien gardé d'y manquer, sachant le prix que la fière Anglaise attachait à sa présence.

Elle tenait à le montrer à ses hôtes, un peu comme on exhibe un objet de curiosité. Il fallait donc qu'il fît son apparition dans les salons, ne fût-ce que pour éluder la surveillance dont il était l'objet et accomplir ainsi le plan audacieux qu'il avait conçu.

Le lendemain, à l'heure dite, tandis que Will et les deux matelots préparaient les provisions en vivres et en hardes, Jacques revêtait ses plus beaux habits de gala, ceignait l'élégante épée de parade que la courtoisie de ses geôliers lui avait laissée, et se présentait dans les salons du Gouverneur de Madras.

On lui fit un accueil empressé. Tout ce qu'il y avait d'hommes distingués et de femmes gardant les traditions et les habitudes de l'Europe lui prodiguèrent les compliments les plus flatteurs.

Plusieurs poussèrent même la bonne grâce jusqu'à lui parler des exploits qu'il avait accomplis et des mauvais tours qu'il avait joués aux soldats et aux marins de Sa Gracieuse Majesté le roi George, ce qui était le comble de la déférence.

Lady Blackwood ajouta même avec un charmant sourire :

« Quel malheur, monsieur le marquis, que nous ne puissions vous rendre la liberté qui vous permettrait de reprendre le cours de vos exploits, puisque, hélas ! la guerre recommence entre nos deux nations. Mais, au point de vue de notre sympathie pour vous, cette captivité que nous vous infligeons offre une compensation, l'assurance que nous vous gardons vivant, que nous vous protégeons contre les mauvais, que nous vous défendons de vous-même.

— Milady, répondit galamment Jacques, cette marque de sollicitude de votre part sera le plus aimable souvenir que je garderai de mon séjour à Madras, et je raconterai à Surcouf de quelle façon les Anglais de l'Inde entendent et pratiquent l'hospitalité envers leurs ennemis.

— Surcouf ! s'exclama la noble dame. En effet, monsieur le marquis, vous pourrez lui faire cette communication le jour où, selon nos plus sûres prévisions, nous recevrons ce redoutable forban dans les murs de Madras.

— Ah ! fit Clavaillan, un peu inquiet, avez-vous donc eu, madame, de récentes nouvelles de mon compatriote ?

— Les plus fraîches qu'il soit possible d'avoir, monsieur. Le commodore John Harris l'a poursuivi énergiquement, ces jours derniers, dans les eaux de Pointe de Galles, et le tient cerné dans une des criques de Ceylan. Il paraît même que Surcouf a fait des ouvertures de paix, offrant de se rendre sous conditions.

— En ce cas, madame, milord Gouverneur a été certainement induit en erreur, et le commodore Harris s'est laissé jouer par quelque audacieux farceur qui a pris les apparences de Surcouf. »

Il dit cela de sa plus douce voix, mais avec un sourire de persiflage au coin des lèvres.

L'orgueilleuse Anglaise en prit ombrage et fronça les sourcils :

« Le commodore, monsieur le marquis, est un homme d'âge et d'expérience et auquel on n'en fait point accroire, et je plains votre Surcouf d'être réduit à parlementer avec lui.

— Raison de plus, madame, pour que je doute de la valeur de vos informations. Mais, en les respectant, je me réjouis de ce voisinage de Surcouf qui me permettra d'entrer plus promptement en relations avec lui. »

Un jeune midshipman se mit à rire avec ostentation. « Oh ! ces Français ! ils sont bien tous les mêmes ! Fanfarons et vantards ! »

Jacques jeta au jeune insolent un regard qui lui fit baisser les yeux :

« Monsieur, répliqua-t-il, si j'étais encore à Madras après-demain, je me ferais un plaisir de vous couper les oreilles pour cette aimable parole. »

L'aspirant frémit de colère. Il allait répondre, lorsque lady Blackwood, toujours grande dame, s'empressa d'intervenir.

Elle se tourna vers les femmes de son entourage et leur dit :

« A la bonne heure. Nous voici prévenues, mesdames, que monsieur le marquis de Clavaillan va prendre congé de nous, un de ces matins ou de ces soirs, sans dire gare, pour rejoindre son ami, le pirate. Avez-vous quelque chose à lui faire dire ? »

Le marquis salua la gracieuse compagnie, la main sur son cœur :

« Je me chargerai volontiers des commissions de ces dames pour leurs frères, cousins ou maris, que le hasard de ma course pourra me faire rencontrer d'ici en France. »

L'hilarité devint générale. Tout le monde trouvait que ce Français avait beaucoup d'esprit. Une toute jeune femme, très rieuse, s'écria :

« Monsieur le marquis, ma sœur, lady Stanhope, a dû quitter l'Angleterre ces jours derniers pour venir rejoindre son mari à Bombay. Elle apporte avec elle deux pianos de fabrication française. Je ne vous recommande pas ma sœur, car je sais qui vous êtes, mais ses deux pianos. Qu'on ne les dégrade pas.

— D'autant plus, appuya lady Blackwood, que l'un de ces pianos m'est destiné. Je l'ai payé deux cent cinquante livres.

— Les pianos vous seront rendus intacts, miladies, répondit Jacques, à moins que l'eau de mer ou un boulet mal élevé n'aient nui à leur bon état de conservation. »

Une seconde Anglaise s'avança. Elle détacha un ruban de son corsage et le tendit à Clavaillan.

« Monsieur le marquis, la justice anglaise est expéditive pour les corsaires. Gardez donc précieusement ce ruban. Mon beau-frère, George Blackford, commande la corvette *Eagle*. S'il vous arrivait de le rencontrer, vous n'auriez qu'à lui montrer ce gage, et, pour l'amour de moi, vous ne seriez point pendu. »

Jacques prit le gage et salua très bas.

« Mille grâces, milady, — répondit-il encore, — j'accepte ce ruban, et, si la malchance me fait rencontrer, comme vous le dites si aimablement, l'illustre George Blackford, je m'engage à le lui présenter au bout de mon épée. »

Ce dernier mot passa pour une bravade, mais n'en amena pas moins une grimace aux lèvres pâles et minces de l'Anglaise humiliée.

Cependant la fête battait son plein. Les danses étaient fort animées.

Jacques de Clavaillan, cavalier accompli, fit face à la femme du Gouverneur dans une pavane où tous admirèrent ses qualités de gentilhomme.

Il figura non moins élégamment dans un quadrille, l'une des formes de la chorégraphie nouvelle que l'on disait inventées à la Malmaison peu de mois avant que le général Bonaparte eût échangé son titre de Premier Consul contre celui d'Empereur, sous lequel il allait bientôt ébranler le monde.

Comme la demie après onze heures sonnait aux horloges du palais, Clavaillan vint saluer la maîtresse de la maison et la pria de l'excuser pour le reste de la soirée, où une migraine commençante l'obligeait à achever la nuit dans son lit.

Et, toujours souriant, toujours aimable, il prit congé de l'assistance en homme qui se prépare à la retrouver le lendemain.

CHAPITRE IV
L'ÉVASION

Pendant que le marquis Jacques de Clavaillan dansait au palais du Gouvernement, les deux matelots Evel et Ustaritz, accompagnés du petit Guillaume Ternant, mettaient à exécution le plan que leur avait tracé le jeune lieutenant de Surcouf.

Toutes les précautions étaient prises. Les chambres qu'ils occupaient à l'hôtel donnaient sur un enclos qui, lui-même, était en bordure sur la mer.

Afin de ne point éveiller les soupçons des domestiques hindous, les deux hommes avaient décidé qu'ils prendraient par le plus court, c'est-à-dire par l'enclos, afin d'atteindre la grève et d'y commencer sur-le-champ leur besogne.

La maison n'était point haute. Elle n'avait qu'un étage, comme la plupart des habitations coloniales, et le toit, presque plat, reposait sur une galerie faisant tout le tour de l'édifice. Il était donc facile à des hommes adroits de sortir de la maison et de descendre jusqu'au jardin, surtout en mettant à profit les vastes et solides branches d'un banyan-tree qui croissait.

Evel fut le premier au départ. C'était le plus robuste des deux marins. Il attacha solidement sur son dos le ballot des hardes qu'on emportait, laissant à Ustaritz la provision des vivres. Will passa le second et n'eut à s'occuper que de sa personne. Grâce à leur pratique de la gymnastique, les trois compagnons eurent tôt fait d'atteindre la limite de l'enclos.

Là, ils se tinrent un instant immobiles, l'oreille aux écoutes.

Ils allaient franchir la palissade de clôture lors qu'un bruit cadencé les fit tressaillir.

C'étaient des pas résonnant sur la chaussée qui bordait le port.

Ils retinrent leur souffle et se tapirent contre la muraille de planches.

Une ronde de cipayes passa, frôlant la palissade. Mais, peu soupçonneux par habitude, les soldats indigènes n'eurent pas même un regard pour le jardin de l'hôtel.

Lorsque le bruit de leur marche se fut perdu dans l'éloignement, Evel, Ustaritz et Guillaume escaladèrent la clôture et se glissèrent sous les manguiers et les banyans qui ombrageaient le rivage, afin de gagner le petit promontoire sur lequel s'élevait l'abri du canot de plaisance du gouverneur.

Ils y parvinrent au moment même où l'horloge du fort qui commandait la rade jetait à l'écho le tintement de la demie après dix heures.

Personne ne veillait aux alentours du chalet de briques.

« Hardi, garçons ! ordonna Evel. Mettons-nous vite à la besogne.

— Viens çà, pitchoun, dit Piarrille à Guillaume, c'est le moment de montrer que tu as profité de nos leçons et que tu vas faire un mousse de choix. »

Will n'avait pas besoin qu'on le stimulât. Il était trop fier de son rôle pour ne pas porter tout son effort à le tenir le mieux possible.

« As pas peur ! » répondit-il, imitant le parler de ses compagnons, ce qui était à ses propres yeux un indice de vigueur et d'esprit.

Et, sans attendre de plus amples explications, il enroula autour de sa taille le grelin dont il allait se servir pour opérer sa descente dans l'habitacle.

Le temps était mesuré, les minutes comptées. Il fallait se comprendre à demi-mot et agir vite. Mais le péril commun leur donnait une mutuelle entente de leurs pensées.

Evel venait de s'arc-bouter au pied du mur. Ustaritz monta sur ses épaules.

D'un bond, avec la légèreté d'un chat, Will grimpa sur le dos du premier, puis sur celui du second. Mais il s'en fallut d'un demi-pied qu'il n'atteignît la fenêtre.

« As pas peur ! » dit à son tour Evel.

Et l'hercule breton, prenant entre ses larges mains les chevilles du Basque, souleva celui-ci, qui lui-même portait l'enfant. Will mit ses mains sur le rebord.

D'un vigoureux rétablissement, il s'assit à califourchon et se mit à dérouler la corde.

Ustaritz et Evel en retinrent une extrémité, tandis que l'enfant se laissait glisser dans l'intérieur de l'abri et se guidait à tâtons autour du bateau.

Les deux marins quittèrent leur poste au pied du mur et vinrent se coller à la porte cochère par laquelle allait sortir l'embarcation.

« Hein, petit ? questionna Evel, vois-tu clair là dedans ?

— Pas de reste, répondit Guillaume, mais ça fait l'affaire.

— Est-ce que ce sera dur de tirer la chaloupe là dedans ?

— Dame ! il faudra un coup de collier. Mais, il n'en faudra qu'un. Le canot est paré. Il n'y aura qu'à le mettre à l'eau et à hisser la voile.

— Alors, tire les verrous et ouvre la porte pour nous faire entrer. »

En dehors, les deux hommes entendirent Guillaume peser sur les lourdes barres de fer qui fixaient les battants. Un instant, ils eurent une angoisse.

Les verrous étaient retirés ; c'était fort bien. Mais il y avait une serrure. Or, comment ouvrir la porte, puisqu'ils n'avaient pas la clef ?

Will leur cria par le trou de serrure :

« Pesez sur le battant de droite. Il cédera. Il tient toute la porte. »

Un formidable coup d'épaule des deux hommes lui donna raison.

Mais, alors, ce fut un autre motif de crainte qui les fit haleter.

Des pas résonnaient sur la route. C'était sans doute la patrouille qui revenait.

Ils repoussèrent tout doucement les portes jusqu'à les ajuster de nouveau. Puis, se cachant sous le berceau de l'embarcation, ils se tinrent dans une immobilité absolue, tendant leur ouïe en un effort plein de terreur.

La ronde s'approcha. La cadence de vingt pieds frappant régulièrement le sol leur communiqua l'ébranlement d'alentour. Un instant, l'épouvante les envahit. Ils avaient perçu une interruption, un arrêt dans la marche.

Mais ce ne fut qu'une fausse alerte. La troupe poursuivit son chemin.

Alors, Evel, Ustaritz et Guillaume Ternant ouvrirent en grand les battants de la porte et s'apprêtèrent à faire rouler le chariot sur les rails.

On entendit au loin la voix d'argent des horloges de la ville.

Elles égrenèrent onze coups réguliers dans l'espace endormi.

Evel fouilla du regard les ténèbres dont l'horizon était tapissé.

Il vit une ligne blanche onduler, comme un serpent, à deux cents piètres en avant.

« Le flot, murmura-t-il. Voilà la mer qui monte. Le capitaine devrait être ici.

— Le capitaine a dit qu'on embarquerait à minuit, prononça sentencieusement Piarrille Ustaritz. Nous avons une heure à l'attendre.

— Pourvu que la lune ne se lève pas ! soupira le Breton.

— Bah ! fit gaiement le petit Will, le bon Dieu nous a protégés jusqu'à présent. Ce n'est pas pour nous abandonner à la dernière minute.

— Bien dit, petit ! approuva le Breton. Donc attendons en confiance. »

Et, pour mieux attendre, ils se hissèrent dans le bateau, sous la toile qui le couvrait pour le préserver des insectes qui eussent taraudé le bois.

« M'est avis, dit Evel, que nous pourrions taper de l'œil un instant.

— Dors, si tu veux, accorda le Basque. Moi je vais attendre le capitaine. »

Et, repoussant le battant pour la seconde fois, il s'installa devant l'entrée et bourra tranquillement une vieille pipe qu'il alluma au feu de son briquet.

« Ne mets pas le feu à la cambuse, au moins ! » lui cria Evel en s'étendant paresseusement sur les plis de la voile repliée, au pied du mât.

Le somme provisoire du matelot ne fut pas de longue durée. Un sifflement vint en modulations très douces jusqu'à l'entre-bâillement de la porte. Ustaritz se mit sur ses pieds.

« Attention, matelot ! Ouvre l'œil pour tout de bon. On vient à nous. »

On venait, en effet, et celui qui venait n'était autre que Jacques.

La stupéfaction des trois camarades fut profonde en voyant le jeune corsaire apparaître en tenue de soirée, culottes courtes, chemise à jabot de dentelles et bicorne à ganse de soie, l'épée à poignée de nacre au côté.

« Gurun ! capitaine, interrogea Evel, les yeux ronds, c'est-il en cet équipage que vous voulez prendre la mer ? Il vous vaudrait mieux un ciré.

— Garçon, répliqua gaiement le jeune homme, je n'ai pas le temps de changer de toilette. Je sors du bal. Embarquons sur l'heure. Je verrai à prendre un autre costume en mer. Allons ! houp ! Dehors la chaloupe ! »

Evel et Piarrille ne se le firent pas dire deux fois. Ils étaient prêts.

La manœuvre du chariot était des plus faciles. Les Anglais, gens pratiques, ont toujours eu une entente merveilleuse du confortable et des commodités de l'existence. En cette circonstance, lord Blackwood s'était surpassé.

Une fois les freins desserrés, les amarres qui retenaient les jantes aux murailles détachées, le bateau glissa rapidement sur les rails de fer où s'encastraient les roues évidées du berceau. Une poussée méthodique et prudente le mena jusqu'au bord de la grève, au contact de l'eau salée.

Là, on n'eut plus qu'à enlever la tente, à fixer le gouvernail mobile et à attendre les premières risées du flot.

Cette attente ne fut pas longue. Les rails s'avançaient assez loin sur la plage pour que les hommes eussent de l'eau jusqu'à la ceinture en poussant l'embarcation à la mer. La marée vint donc tout doucement soulever le canot, et le premier retrait de la vague l'enleva de son support.

Quatre coups d'avirons l'emportèrent à une cinquantaine de brasses.

« Y a-t-il l'un de vous qui connaisse les passes ? demanda Clavaillan.

— Non, capitaine, répondirent simultanément les deux hommes.

— Alors, à la grâce de Dieu et au petit bonheur ! » prononça le corsaire.

On longea pendant une dizaine de mètres l'embryonnaire jetée que les Anglais avaient essayé d'établir sur la pointe la plus avancée.

Puis, la mer se faisant très dure, on dut lutter avec persévérance pendant près d'une heure contre les remous, sans oser hisser la voile dans la crainte d'un échouage intempestif. Vers les deux heures du matin la lune se montra au ciel. Elle n'était qu'au premier quartier, ce qui rendit sa lumière très discrète.

« Il faudrait pourtant franchir les passes avant le jour ! » gronda Clavaillan.

Comment faire pour tenter ce dangereux passage sans le secours d'un pilote ?

Au moment où ils agitaient ce problème, la Providence vint à leur secours.

Une barque montée par des pêcheurs hindous sortait du port, gagnant la haute mer. Elle venait, sans le voir, sur le canot des fugitifs.

« Attention ! cria Jacques à ses compagnons. Voilà notre affaire. »

Le canot se rangea et, au moment où les pêcheurs passaient dans leur vent, Evel et Ustaritz la saisirent à l'aide de leurs grappins.

D'abord épouvantés, les Indiens se rassurèrent dès que le Basque, qui parlait couramment leur langue, leur eut fait comprendre quel service on attendait d'eux. Docilement, ils se firent les pilotes des fugitifs et les remorquèrent jusqu'à la sortie du chenal qui donnait accès au-delà de la barre. Désormais les quatre Français étaient à l'abri de la poursuite des habits rouges.

Alors seulement ils hissèrent la voile. Il en était temps. Depuis près de quatre heures Evel, Ustaritz, le marquis lui-même avaient nagé sans interruption, et leurs doigts n'avaient point quitté les avirons. Leurs paumes, déshabituées de ce rude exercice, étaient couvertes d'ampoules brûlantes.

Il fallut s'orienter au plus tôt et prendre une résolution.

En fait, cette fuite en pleine mer, sur une embarcation de plaisance de dix tonneaux, était bien la plus folle équipée qu'on pût tenter. Il n'avait fallu rien de moins que l'amour de la liberté pour entraîner des hommes raisonnables en une pareille aventure, où tous les périls étaient réunis.

Car ce n'était pas petite besogne que courir ainsi les dangers de la mer, surtout quand cette mer était l'océan Indien, sur une coque de noix balayée par les vagues, à la merci des cyclones, des typhons, des tornades, tous noms variés désignant les effroyables violences du vent sur une nappe qui semble être son empire en propre, son domaine d'élection, et dans la saison même où ces violences se déchaînent le plus ordinairement.

On était, en effet, au voisinage du solstice d'été, moment redoutable entre tous. Si la menace des tempêtes n'était point imminente et pouvait, à la rigueur, être évitée, il n'en était pas de même des rigueurs de la température.

On allait naviguer sous un ciel de feu, en se rapprochant de l'Équateur, c'est-à-dire en courant vers cette ligne terrible qui partage la terre en deux hémisphères, et sur laquelle le soleil se tient en permanence au zénith.

Et ce n'était pas tout. Les fugitifs n'avaient pu emporter qu'une quantité minime de provisions, pour cinq jours à peine. Continent subviendraient-ils aux nécessités de la situation, comment sustenteraient-ils leurs forces, les provisions épuisées ?

Ce qui devait les inquiéter surtout, c'était la faible quantité d'eau potable, trois outres à peine, qu'ils avaient pu emporter.

Remonter vers le nord, il n'y fallait pas songer. C'eût été compliquer inutilement la difficulté, puisque le nord, c'était l'ennemi, l'Anglais maître du Bengale, des bouches du Godavery à celles du Brahmapoutre, et dont les rapides croiseurs auraient promptement découvert et capturé la chaloupe.

Aussi l'idée n'en vint-elle même pas à l'esprit des aventureux compagnons. En revanche, ils hésitèrent sur le choix de la direction à prendre. Iraient-ils à l'est ou au sud ?

Clavaillan décida qu'on ferait voile vers le sud, vers la grande mer.

Il décida, en outre, qu'on longerait la côte au plus près, afin de se tenir constamment au voisinage de la terre, non seulement pour conserver la chance qu'on avait eue, mais aussi afin de pouvoir faire aiguade en quelque crique ombreuse, et se cacher à l'œil vigilant des croiseurs et de leurs acolytes, les barques orientales qui faisaient escorte aux grands vaisseaux.

Le premier jour, les choses parurent aller à souhait.

Une brise s'était levée, venant du nord, et la toile, gonflée par le souffle propice, était tendue comme la sphère d'un ballon sous la poussée de l'air chaud ou des gaz plus légers que l'air.

Le vent poussa donc l'embarcation avec la vitesse d'un char attelé à de robustes coursiers.

Elle courut ainsi sur les vagues, sans perdre de vue le rivage, s'avançant vers les horizons du midi, vers Ceylan et le détroit de Palk.

Les voyageurs purent relâcher, au bout de deux jours, sur une côte presque déserte, tuer quelques oiseaux, ce qui leur assura de la viande fraîche, et renouveler leur provision d'eau pour les jours suivants. L'espérance rentra dans leur cœur.

Le cinquième matin, comme ils inspectaient l'horizon du nord, l'œil perçant d'Ustaritz y découvrit une tache blanche qui, en grandissant, se changea en voiles carrées couvrant la carène d'un vaisseau de guerre.

« Nous sommes poursuivis, dit Jacques. Ceci est une corvette, la corvette *Old Neil*, qu'on attendait à Madras le lendemain de notre départ. Elle nous donne la chasse. Que Dieu nous soit en aide ! »

Et l'embarcation, sur l'ordre de son jeune chef, se couvrit de toile autant qu'elle en pouvait porter, et se mit à fuir dans le vent.

Mais elle avait été vue. La corvette la poursuivit à outrance.

La chasse se prolongea jusqu'à l'entrée de la nuit, sans un instant de répit.

A ce moment, la chaloupe avait gardé ses distances. Peut-être pourrait-on s'échapper à la faveur des ténèbres. Mais, pour cela, il fallait abandonner la côte et se jeter à l'aventure dans l'est.

Clavaillan consulta ses compagnons.

« Il nous reste deux alternatives : chercher quelque baie solitaire et nous y terrer afin de nous dissimuler aux yeux de ceux qui nous poursuivent, ou nous lancer au large, à la merci des vagues. Dans le premier cas, la corvette peut nous bloquer sur la terre et même nous déloger, si nous ne sommes pas suffisamment abrités ; dans le second, nous courons au-devant des cyclones possibles. Lequel des deux partis faut-il prendre ?

— Tout plutôt que la captivité ! s'écrièrent unanimement les deux marins.

— Et toi, Will ? interrogea le marquis. Tu as droit au vote.

— Je dirai comme Evel et Piarrille, répliqua vaillamment l'enfant.

— Alors, à Dieu va ! » prononça gravement Clavaillan.

Il attendit les premières ombres pour changer la route. La nuit faite, la chaloupe obliqua et courut grand largue, dans la direction du sud-est, le cap sur les îles Nicobar, qu'on supposait distantes de trois cents milles et dans le labyrinthe desquelles il serait aisé d'éluder la poursuite.

Quand l'aube revint, on put constater avec joie qu'on avait pris la bonne voie et que la corvette n'était plus sur l'horizon du nord.

Mais, vers midi, elle reparut sur celui de l'ouest. Elle s'était aperçue de la fuite de ceux qu'elle cherchait et les relançait dans l'est.

« Gurun ! gronda Evel, dont les poings se serrèrent, l'Ingliche a bon œil et bon nez. Il nous a découverts ; il ne nous lâchera plus. »

Et, derechef, on se mit à courir à la vitesse moyenne de dix nœuds, le vent se maintenant du nord, c'est-à-dire favorable aux deux adversaires.

A la nuit tombante, il faiblit. La température devint pesante, et les gorges desséchées ne furent point rafraîchies par l'eau des outres.

A l'aurore, une terre apparut dans le sud-est. On approchait du dangereux archipel des Nicobar. C'était peut-être le salut.

Mais la terre ne se laissait voir que comme une étroite bande violette, sous un angle qui faisait évaluer la distance à une trentaine de milles.

En même temps, la chaleur devenait accablante, l'air suffocant ; le vent ne soufflait plus que par rafales courtes. Il avait des sautes inquiétantes qui obligèrent les navigateurs à diminuer leur toile.

Depuis six jours qu'ils fuyaient ainsi, ils avaient franchi trois cent soixante milles.

Or, à mesure que la stabilité du bateau leur faisait une loi de diminuer leur voilure, ils pouvaient voir avec effroi leurs ennemis ajouter à la leur et le vaisseau, grossissant à vue d'œil, s'envelopper de toute la toile disponible.

Brusquement Ustaritz jeta un cri de joie farouche.

« Les récifs ! les récifs ! Si nous n'échouons pas, nous sommes sauvés ! »

Et il montrait des blocs verdâtres, tantôt dressant autour d'eux, tantôt laissant voir, sous la glauque transparence, leurs têtes verdâtres, sournoisement tapies, comme des bêtes de proie à l'affût des victimes imprudentes.

Et ces rochers invisibles étaient semés en abondance, de tous côtés, pareils à une avant-garde de tirailleurs couvrant les approches de la terre ferme.

A la rigueur, il était possible à un bateau d'un faible tirant d'eau de se dérober aux perfides morsures des écueils, de s'en faire même des alliés, en courant dans l'inextricable lacis de leurs chenaux.

Mais un grand vaisseau n'y devait pas songer, et, à moins de connaître une passe qui permît de les traverser impunément, il devait rester en deçà de leur formidable barrière.

C'était une telle espérance qui avait fait monter aux lèvres du Basque cette joyeuse exclamation : « Si nous n'échouons pas, nous sommes sauvés ! »

Les fugitifs n'avaient ni carte de ces régions dangereuses, — il n'en existait pas encore, — ni pilote pour les guider dans ces méandres. Le péril était de tous les instants.

Ils ne devaient se guider qu'avec une extrême prudence.

Pendant deux heures, ils manœuvrèrent à la gaffe, perdant leur avance, sentant diminuer leurs chances, tandis que la corvette grandissait à vue d'œil et s'avançait triomphalement vers la dangereuse barrière. Quand elle se jugea à distance suffisante, elle tira un coup à blanc.

C'était une sommation. L'Anglais enjoignait aux fugitifs de se rendre.

Ils n'y pouvaient répondre qu'en hâtant leur retraite, ce qu'ils firent de leur mieux. Après une lutte attentive contre les surprises éventuelles, ils gagnèrent un large espace découvert en eau profonde.

Ils pouvaient se croire, sinon sauvés, du moins momentanément à l'abri.

Mais, alors, la situation se compliqua de nouveau.

Le vent tomba tout d'un coup. Le ciel s'appesantit comme un manteau de plomb sur la nappe devenue immobile et huileuse. Il fallut recourir à l'aviron.

« Mauvais présage, murmura Ustaritz. Le typhon n'est pas loin.

— Eh ! qu'il vienne ! s'écria Clavaillan ; il chassera l'Anglais. »

Or, l'Anglais, à ce moment même, mieux instruit, sans doute, du bon chemin, venait de tourner le banc d'écueils, et les fugitifs pouvaient le voir maintenant suivre une ligne oblique, perpendiculaire à la grande terre, et par laquelle il allait probablement leur couper la retraite.

Par bonheur, la chute du vent lui était au moins aussi funeste.

Il s'arrêta court au milieu du chenal qu'il venait d'emboquer. Ses voiles faseyèrent comme les ailes d'un oiseau blessé et pendirent en loques inertes, au bout des vergues. C'était le calme plat, le repos forcé.

Guillaume, qui avait suivi toute la scène d'un regard anxieux, laissa échapper une exclamation joyeuse, telle qu'en pouvait jeter un enfant.

« Ah ! çà, est-ce que nous allons rester ainsi longtemps à nous observer ? »

Evel, qui, depuis un instant, interrogeait l'horizon sud, se retourna.

« Non, pas longtemps, moussaillon. Nous allons danser une danse comme tu n'en danseras pas beaucoup dans ta vie, si, du moins, nous ne l'achevons pas dans l'autre monde. »

Et son bras étendu montrait à la limite où l'œil se perdait une tache d'un blanc jaunâtre qui montait au ciel avec une effrayante vitesse.

« La tornade ! » murmura gravement Jacques de Clavaillan.

Les quatre compagnons se signèrent dévotement. Le péril de la mer accourait, plus terrible que celui des hommes.

Ils regardèrent du côté de la corvette. Celle-ci évoluait en se surchargeant de toile, afin de fuir devant l'ouragan, si la chose était possible.

« L'Anglais aussi a vu venir le vent, ricana Ustaritz. Il trouve la place mauvaise et il file. Il aurait dû le faire plus tôt. Je crois que maintenant il est un peu tard. Mais ça n'avancera pas nos affaires. »

Au même instant, Will qui s'était penché sur le plat bord, s'écria :

« Nous dérivons, capitaine, nous dérivons !

— C'est pourtant vrai ce que dit le petit, fit Evel. Nous sommes dans un courant, et il nous porte à la côte. Oh ! si nous avions la chance de... »

Il s'interrompit.

La chaloupe venait de bondir, emportée comme un fétu par une vague énorme, une lame de fond qui la jeta à vingt brasses hors de sa station antérieure. Et, tout aussitôt, l'eau se mit à bouillonner comme sous l'action de quelque chaudière intérieure.

« C'est le bourrelet de la cuvette, dit Ustaritz, le sourcil froncé. Je connais ça, capitaine. Si le bon Dieu ne nous aide pas, dans dix minutes nous sommes par cinquante mètres de fond, la quille en l'air. »

Mais alors Jacques se redressa ; ses yeux brillaient.

« Le bon Dieu aime les braves, cria-t-il. Hisse la voile ! »

Les deux matelots le regardèrent avec des yeux ronds, le croyant fou.

« Hisse la voile ! répéta impérieusement le jeune homme. Nous n'avons qu'une chance de salut. Il ne faut pas la manquer. »

En un clin d'œil, foc et voile s'ouvrirent, prêts à prendre le vent.

La rafale arriva, formidable, monstrueuse.

Elle enveloppa l'esquif comme d'un coup de fouet.

Pareille à un cheval qui se cabre, puis retombe sur ses pieds pour ruer, la chaloupe se balança sur son arrière, donna une furieuse bande à tribord qui la remplit à moitié d'eau, puis piqua de l'avant dans une montagne liquide.

Mais quand les fugitifs, étourdis et trempés, purent jeter un coup d'œil derrière eux, ils virent la corvette à un demi-mille dans le nord-ouest, aux prises avec l'assaut des lames.

Eux-mêmes avaient gagné dans l'est. Le vortex de la tornade les avait jetés hors de ses gyres, et ils couraient furieusement vers la grande terre.

CHAPITRE V
EN DÉTRESSE

Pendant un temps inappréciable, les quatre passagers de la chaloupe demeurèrent sans force et sans pensée, renversés au fond du canot, à la merci de l'océan affolé qui les entraînait à son caprice.

Peu à peu, ils reprirent l'usage de leurs sens et purent se rendre compte de ce qui se passait autour d'eux. Ils rentrèrent dans leur conscience.

C'était bien la première lame de la tourmente, ce que Jacques de Clavaillan avait pittoresquement appelé le « bourrelet », qui les avait écartés avec d'autant plus de violence que la force centrifuge s'exerce surtout à la périphérie. Désormais ils étaient hors du grand cercle de rotation du cyclone, ils échappaient à la cuvette creusée par la trombe.

Mais il s'en fallait que tout péril fût évité.

Sur une zone de plusieurs milles, la mer, trouée et soulevée par le passage du météore comme par un soc titanique, bouillonnait et écumait sans répit. Et c'était une ébullition de chaudière, une agitation prodigieuse faite de soubresauts et de heurts imprévus.

A chaque instant la barque bondissait, lancée en l'air ainsi qu'une paume par une monstrueuse raquette. Elle retombait, avec un sifflement sinistre, dans les abîmes noirs semblables aux crevasses vertes qui s'ouvrent au ventre des glaciers.

Et, à ces moments-là, les quatre abandonnés, tout à la conscience de leur impuissance, sentaient que leur barque n'était plus qu'une épave à la merci de cette force aveugle et brutale qu'est la mer en courroux.

Ils ne songeaient point à lutter. A quoi bon ? Qu'eussent-ils pu faire ?

Ils avaient tenté une manœuvre hardie en hissant la voile. Cette manœuvre avait réussi à les sauver momentanément.

Mais, à cette heure, il ne fallait pas songer à serrer la voile.

Le vent en avait fait un lambeau qu'il secouait à la manière d'un pavillon de détresse.

La toile blanche battait le mât et ce clapotis était à peine perceptible dans le grand fracas de la tourmente. Les cordages se remuaient en zigzags fascinants, tels que de hideux reptiles jaillis des ténèbres du gouffre.

Accrochés aux bancs, Jacques et ses compagnons se laissaient ballotter par les secousses furieuses. En ce moment, l'instinct seul de la conservation les retenait dans cette lutte désespérée contre les éléments.

La tempête les roula tout le jour, et lorsque, aux approches de la nuit, ils sentirent que la nappe s'apaisait lentement, ils ne purent que constater l'horreur de leur position. La mer avait mis en pièces la voile, rompu la barre du gouvernail, emporté les deux tiers des provisions et rendu le reste immangeable. Une seule chose leur restait, un fusil sur trois, et un baril de poudre qu'on avait solidement amarré à l'arrière. C'était la perspective de la mort par la faim succédant à celle du naufrage. Et la nuit les enveloppa de ses tristesses.

Ils errèrent dans les ténèbres, écrasés de fatigue, ne se parlant pas, méditant chacun de son côté aux moyens de salut qui pouvaient subsister.

La lumière ne fit qu'accroître l'affreuse certitude de leur abandon.

Ils cherchèrent du regard autour d'eux les horizons aperçus la veille. La terre avait disparu.

Aussi loin que se portât la vue, elle n'embrassait que l'immense nappe bleue paisible et souriante sous un firmament de feu.

Où étaient-ils ? Ils l'ignoraient et n'avaient aucun point de repère.

La boussole fixée à l'arrière du canot, par une coquetterie de lady Blackwood, avait été emportée. Il était désormais impossible de s'orienter.

Peut-être le soir venu, si le ciel restait pur, pourrait-on demander aux étoiles de très vagues renseignements sur la situation du bateau.

Tous avaient comme la sensation d'un espace énorme parcouru en quelques heures, sous la rotation forcenée du cyclone.

Qu'était devenue la corvette anglaise ? Ils n'en avaient guère le souci à cette heure et ne redoutaient plus sa poursuite. Évidemment elle avait dû périr dans la tourmente, ou être rejetée dans le Nord.

Jacques de Clavaillan avait, le premier, recouvré sa présence d'esprit.

Il comprenait que de sa fermeté allait dépendre l'énergie de ses compagnons. Par le rang, par l'éducation et le caractère, par l'initiative qu'il avait prise en les entraînant, il était devenu leur chef.

Il devait donc agir, en effet, surtout au point de vue moral.

« Allons ! garçons, dit-il en se secouant, il ne faut pas nous abandonner. Il n'y a de vaincus que ceux qui consentent à l'être. Debout, et comptons sur nous-mêmes, pour que nous ayons le droit de compter sur Dieu. »

Galvanisés par ces paroles, Evel et Ustaritz se levèrent et demandèrent :

« Que faut-il faire, capitaine ?

— D'abord, reconstituer nos voiles avec tout ce que nous avons sous la main. »

La chance voulut que le Basque eût gardé dans sa poche un peu de gros fil et de fortes aiguilles, avec lesquelles on se mit à recoudre, tant mal que bien, les lambeaux de la voile qui pendaient encore au pic. Mais la voile ainsi refaite avait à peine le tiers de ses dimensions ordinaires.

Il fallut y ajouter. Pour ce faire on prit un morceau au foc ; on y attacha une partie de la toile de tente qui couvrait naguère le canot dans son berceau. Afin de refaire une barre, on enleva, avec beaucoup d'efforts, un morceau à l'un des bancs et on l'adapta comme l'on put au gouvernail.

C'était un premier résultat. On put ainsi mettre à profit les brises intermittentes qui couraient avec des risées sur la vaste nappe tranquille.

Mais le problème de la faim demeurait entier, compliqué de celui de la soif que l'ardeur torride du ciel rendait plus pressant.

Grâce au fusil demeuré à bord, on parvint à tuer quelques oiseaux de mer.

On utilisa comme combustible dans le fond du canot les déchets du banc qu'on avait sacrifié, et l'on parvint à rôtir deux mouettes.

Cette maigre, très maigre victuaille, et surtout très coriace, fit gagner un jour.

On courut vers le sud, dans l'inconnu, soutenu par la folle espérance que, Dieu aidant, on atteindrait peut-être la région des îles françaises.

Cette course, à travers un océan embrasé, était une agonie.

La soif ne tarda point à s'allumer, adurente et terrible, dans ces gosiers desséchés, et avec la soif, les hallucinations qu'elle entraîne.

Tout un cortège d'ironiques visions accompagna la barque errante.

C'était tantôt, sur le liquide miroir immobile, des visions de terres verdoyantes, de forêts et de sources, tantôt, dans le manteau des nuées, un déroulement de collines et de montagnes, de cimes bleuâtres ou neigeuses.

D'autres fois, en proie au délire, les malheureux se levaient brusquement et montaient sur les plats bords afin de sourire à quelque attirante fascination du gouffre. Le petit Will avait, le premier, subi ces effrayants phénomènes.

Aussi était-ce sur lui que Jacques de Clavaillan veillait le plus attentivement.

Ce n'était pas seulement la conscience de ses devoirs envers Mme Ternant qui dictait cette vigilance au jeune homme, mais bien encore la réelle affection qu'il éprouvait pour cet enfant vaillant qui s'était spontanément donné à lui.

L'œil sans cesse ouvert, malgré sa propre souffrance, il suivait tous les mouvements de Guillaume et le maîtrisait aisément dès qu'il prévoyait quelque extravagance.

Avec un soin pieux, il prenait l'enfant dans ses bras et lui baignait la tête et les mains avec de l'eau de mer, tempérant de la sorte les atroces tortures de la soif.

Trois nouvelles et mortelles journées s'usèrent de la sorte.

L'épuisement était arrivé à ses dernières limites. Jacques, la tête vide, les tempes battantes, les oreilles pleines de bourdonnements, n'avait plus que la force de se soulever de temps à autre pour contempler l'horizon implacablement vide.

A ses pieds gisait Guillaume qu'il était superflu de surveiller.

Terrassé par le mal, le petit garçon n'était plus qu'un corps inerte, déjà paralysé par le coma final, sans qu'aucune excitation du dehors vînt l'arracher à sa torpeur.

Aux deux extrémités du canot, Evel et Ustaritz étaient en proie au délire.

La folie du Breton était sombre et farouche ; il avait des rêves noirs.

Celle du Basque, au contraire, était joyeuse, pleine de songes ensoleillés.

Et la barque courait toujours vers le sud. Ni terre ni voile ne se montraient.

Pourtant, il y eut un répit dans cette agonie affreuse, un moment de grâce.

La quatrième nuit après le cyclone, Clavaillan, dompté par la souffrance, avait fléchi à son tour. La chaloupe n'était plus qu'une épave emportée par la destinée, sans guide, sans direction d'aucune sorte. Elle errait au hasard, sous la brise qui tenait sa voile constamment ouverte.

Tout à coup, un choc se produisit qui fit craquer toute la membrure.

Il fut si violent que Jacques s'éveilla en sursaut du sommeil morbide dans lequel il était plongé. En même temps que lui, Evel et Piarrille se dressèrent.

La lune épanchait sa clarté blanche sur la surface de la mer.

Il semblait qu'un peu de cette lumière entrât dans les intelligences en dérive des deux matelots. Ils jetèrent en même temps le même cri :

« Nous avons touché ! »

Oui, ils avaient touché. Mais quoi ? Une grève de salut ou un récif mortel ?

Une fois de plus, l'instinct fut le plus fort. Une suprême énergie entra en ces deux hommes tout pareils à des cadavres. Ils s'élancèrent vers l'avant.

Le canot avait heurté de son étrave une masse volumineuse et sombre. Maintenant il glissait le long de cette masse, la frôlant de son gui à bâbord.

Ils regardèrent avec des yeux brûlants de fièvre, et reconnurent qu'ils venaient de se jeter sur la carcasse d'un grand navire. La collision n'avait pas été violente, et la chaloupe avait été seulement déviée par le choc.

Elle se tenait présentement à l'arrière du vaisseau inconnu, sous l'étambot.

Un coup d'œil plus attentif leur permit de reconnaître un vaisseau de guerre démâté et vide, flottant à la dérive, soutenu par l'eau qui avait noyé les soutes, mais n'avait point défoncé le pont.

« Hardi ! cria Jacques d'une voix vibrante. C'est Dieu qui nous envoie ce secours. Il doit y avoir à manger et à boire sur cette carcasse. »

En un clin d'œil il ressaisit la barre avec une farouche énergie. Le canot vira et, sous l'impulsion de l'aviron, sur cette mer immobile, revint vers l'avant du navire.

Des cordages pendaient aux barbes du beaupré. Jacques s'assura qu'on pouvait tenter l'escalade de l'épave. Aidé d'Evel, il amarra la chaloupe au grand cadavre flottant, et, d'un élan suprême, parvint à se hisser sur le gaillard d'avant.

Il ne s'était pas trompé. Le vaisseau contenait encore des vivres et des munitions.

A dire le vrai, sa cale était submergée et le plus clair de la cargaison était sous l'eau. Mais l'entrepont gardait encore quelques caisses intactes, des barils dont on devinait la contenance, des armes et de la poudre.

Le pont conservait quelques cadavres, à moitié déchirés par les albatros et les frégates. Un canon traînait encore, une pièce de retraite, sur le tillac.

Chaque fois que l'énorme masse s'abaissait ou se relevait sous le roulis, on entendait le glouglou de l'eau entrant dans l'âme d'une caronade égueulée ou se déversant en cascade. Aux éclats de toute nature dont le pont était jonché, au bris des mâts fauchés par les boulets, aux entrailles des bastingages, il était aisé de voir que ce vaisseau était le glorieux cadavre de quelque combattant tombé dans une lutte acharnée.

A la corne de l'artimon, tombé sur la hanche de tribord, pendait encore le pavillon aux armes d'Angleterre. Cette vue seule ranima les trois hommes.

« Vive la France ! cria Jacques de Clavaillan. Surcouf a passé par ici. Je le reconnais à ses coups. L'Ingliche a dû en voir de dures. »

Aidé de ses compagnons, il défonça l'une des caisses. Elle contenait des conserves de viandes froides. Dans une autre on trouva du biscuit de mer.

« Embarquons tout ça chez nous, garçons ! ordonna le marquis, après que les deux matelots se furent restaurés. Le ciel s'est souvenu de nous.

— Au plus pressé, d'abord, » ajouta-t-il, en montrant un baril de vin et une petite boîte de fer blanc que sa forme et ses dimensions désignaient suffisamment comme devant être une de ces pharmacies portatives dont nos pères avaient soin de se munir dans tous leurs voyages au long cours.

Il avait deviné le contenu de la boîte. Elle renfermait, entre autres médicaments, une bonne provision de quinine distribuée en doses régulières.

Jacques en versa une dans un gobelet de vin et, écartant les dents serrées de Guillaume, fit absorber à l'enfant l'amer breuvage qui devait le sauver.

Puis les trois hommes remontèrent sur la carcasse en dérive et en enlevèrent tout ce qui pouvait leur être encore de quelque utilité, fil, aiguilles, haches et couteaux, cordages demeurés intacts, et de nombreux lambeaux de voiles carrées que la brise agitait en haillons au bout des verges brisées.

Le jour les surprit en cette occupation, et, comme ils étaient seuls à la surface du grand désert salé, ils profitèrent de la bienfaisante lumière pour achever leur besogne.

Alors seulement ils songèrent à reprendre leur route vers le sud.

Amarrée à l'épave, la chaloupe avait dérivé avec elle. Un courant très lent les emportait en même temps. Les compas trouvés par Jacques lui permirent de faire le point. Il constata alors qu'ils se trouvaient par 70 degrés de longitude orientale et 2 degrés de latitude méridionale, à mi-distance entre les Maldives et les îles Chagos.

Ainsi, en moins de dix jours, grâce à l'énorme poussée du cyclone, la frêle barque avait parcouru plus de quatre cents lieues de mer et franchi la ligne. Le courant qui l'emportait à cette heure, le jeune corsaire le connaissait bien : c'était celui qui, au voisinage des moussons, s'établit entre les côtes de l'Afrique et celles de l'Indo-Chine, passant au sud des Seychelles et au nord de Sumatra. Il s'adressa aux deux matelots que ce secours providentiel avait remis sur pieds.

« Courage, garçons, leur dit-il. Nous sommes sur la bonne route. Nous filons sur Maurice. La carcasse que nous venons de rencontrer prouve que les Français ont fait du tapage par ici, et que Surcouf a purgé la mer des Anglais.

— Pourvu qu'il soit vivant encore ! dit Evel en soupirant.

— S'il n'est pas vivant, soyez sûrs qu'il est mort en tuant plus de monde aux goddems qu'il n'en a perdu. Mais il est vivant, je vous le garantis. D'ailleurs, il suffit de regarder la carène de ce bateau pour mesurer la valeur des pruneaux que les nôtres lui ont décochés. Voyez plutôt. »

Et il leur montrait, sous l'eau claire et clapotante, l'énorme déchirure qui avait éventré le flanc de la frégate anglaise au-dessous de la flottaison.

En ce moment, Guillaume se ranimait sous l'influence du remède bienfaisant qui le délivrait de la fièvre. L'enfant ouvrait péniblement les yeux :

« A boire ! » murmura-t-il, prononçant les deux mots qui sont le premier cri de la chair en révolte contre l'abominable torture de la soif.

Jacques prit vivement un peu d'eau à l'une des outres qui avait survécu à la tourmente et la colora de quelques gouttes du bon vin trouvé sur l'épave.

Le petit malade but avidement le breuvage apaisant. Un soupir de soulagement dégonfla sa poitrine. Les traits de sa face grippée se détendirent.

« C'est bon ! » murmura-t-il, tandis qu'un sourire éclairait le pauvre visage pâli, aux lèvres violettes, et que les mains jusque-là gourdes et inertes se remuaient pour saisir le gobelet vide entre celles de Clavaillan.

Mais le marquis jugea prudent de ne point accorder sur-le-champ à la prière de l'enfant la satisfaction qu'elle réclamait.

Il enveloppa le front brûlant du garçonnet d'un linge mouillé, afin que l'évaporation sous le rayonnement externe conservât un peu de fraîcheur à ses tempes. Puis, aidé de ses deux compagnons, tout à fait ranimés à cette heure, il improvisa une sorte de couche, recouverte d'une toile de tente.

Ce fut sur ce lit très sommaire qu'on étendit le petit Will, retombé dans le pesant sommeil de l'atonie, et les trois hommes, émus jusqu'aux larmes, se relayèrent auprès du petit malade pour le surveiller.

Il ne restait plus qu'à abandonner la carène bienfaisante, afin de tirer parti des souffles favorables et de gagner du temps et de l'espace.

On couvrit donc le canot de toute la toile qu'on avait pu se procurer.

Le vent se maintenant toute la nuit, on gagna une centaine de mille vers le sud-ouest, en se dirigeant, croyait-on, du côté de Madagascar.

A l'aube suivante, les voyageurs constatèrent avec effroi que la brise soufflait de l'est. Elle avait fait une saute à angle droit et poussait désormais leur embarcation vers l'occident.

Ils essayèrent de louvoyer afin d'offrir moins de prise au vent.

Il eût été trop cruel, en effet, de perdre ce qu'on pouvait appeler le bénéfice des souffrances subies jusqu'alors, puisqu'il semblait que ce fût la Providence elle-même qui eût pris les captifs par la main et les eût guidés à travers les fureurs de l'ouragan vers ces régions équatoriales où ils allaient enfin trouver le salut.

A présent que chaque heure les rapprochait des îles françaises, l'ironie leur eût semblé trop amère de se voir arracher de la route du midi pour se trouver rejetés vers le couchant ou le nord.

Et cependant force leur fut de se rendre à l'évidence. Au lieu de continuer à descendre au sud, ils dérivaient sensiblement vers l'ouest.

Quand ils voulurent s'expliquer le phénomène, la vérité ne leur apparut que trop clairement. Le courant qui les emportait avait évidemment changé de place. Au lieu de passer sous les Seychelles, il passait au-dessus et allait se perdre sur la côte du pays de Somal. Ce fut une amère certitude et dont la clarté funèbre les rejeta dans les appréhensions douloureuses qu'ils venaient de traverser. Toutes leurs angoisses allaient recommencer.

Mais ils venaient de rencontrer un secours providentiel. Jacques leur en fit la juste remarque et leur exposa qu'il serait lâche de s'abandonner à la crainte, précisément au moment où leur courage avait été réconforté par des causes absolument indépendantes de leur volonté.

« Vous avez raison, capitaine, reconnut le Breton Evel. Nous serions coupables de nous abandonner au découragement. Le bon Dieu a assez fait pour nous. A nous de nous aider tout seuls maintenant.

— La première chose à faire, reprit Clavaillan, c'est de tâcher de sortir du lit de ce courant et de reprendre, s'il est possible, notre route au sud. »

Il exposa les raisons qui le faisaient parler ainsi.

La rencontre qu'ils venaient de faire, de la frégate mutilée, prouvait qu'un combat naval avait eu lieu sous ces latitudes.

Il était donc certain que les Français s'étaient montrés dans ces parages.

« Quels sont ceux de nos compatriotes qui ont livré bataille ? Nous ne le savons point encore. Mais j'espère que, d'ici peu, nous serons renseignés à ce sujet ; il n'est pas vraisemblable qu'ils aient eu le dessous.

— Qu'est-ce qui vous fait croire cela, capitaine ? demanda Ustaritz.

— Crois-tu, répondit le jeune homme, que, si les Anglais eussent été victorieux, ils auraient abandonné un navire d'une telle importance ? Vous avez pu vous assurer qu'il y avait encore des canons dans les sabords. En supposant qu'ils eussent voulu se défaire de la frégate, ils l'auraient au moins brûlée. »

L'argument était spécieux, mais il ne parut pas convaincre le Basque.

Celui-ci hocha la tête et risqua une sérieuse objection :

« Mais on peut dire la même chose dans le cas où ce seraient les Français qui auraient battu leurs adversaires. Pourquoi auraient-ils abandonné la frégate ?

— Il y a une explication qui me paraît suffisante, dit Jacques.

— Et quelle est cette explication, capitaine ?

— Voilà ! La bataille a dû se livrer la veille ou le matin du jour où la tornade a passé. Dès qu'ils l'ont vue venir, les Français ont dû s'empresser de recueillir les blessés à bord des vaisseaux valides et de fuir le cercle de la tempête. Ils n'ont pas eu le temps de prendre ce qu'ils pouvaient enlever du navire. Ils l'ont donc abandonné. »

Ustaritz se contenta de cette hypothèse, comprenant bien que, quelle que fût la vérité, ce n'était ni le lieu, ni l'heure de s'en enquérir. Le souci de l'heure présente était d'échapper au plus tôt au péril de la mer et de la faim.

En conséquence, malgré l'écrasante température, on se mit en devoir de confectionner des voiles avec les débris de celles qu'on avait pu emporter de la frégate.

On parvint ainsi à couvrir la chaloupe, et l'on gagna quelques milles dans le sud avec l'espoir très précaire de voir surgir une voile sur l'horizon du sud.

Telle était la fébrile impatience des fugitifs, qu'ils ne doutaient pas un instant que cette voile ne fût française. Bien certainement, Surcouf courait la mer, et peut-être aurait-on le bonheur de le rencontrer.

Par malheur, le vent, encore utile malgré sa fâcheuse direction, fléchit de nouveau, pour tomber tout à fait au bout de quarante-huit heures.

C'était, de nouveau, la menace de l'abandon et de la mort par la faim qui se dressait sur les têtes des quatre malheureux. Décidément le destin leur était contraire, et le découragement les envahit pour la seconde fois.

Sans compter que ce calme plat était précurseur de nouvelles tempêtes. Allait-on subir derechef l'assaut de quelque typhon des mers du sud, ces épouvantables furies du ciel et de l'eau qui bouleversent la nature et changent parfois la face d'une terre entière ?

Jacques commença par rationner les vivres, l'eau potable surtout.

L'expérience précédente avait été suffisamment instructive. Il ne fallait pas se laisser prendre au dépourvu. Dans ce désert liquide, la plus terrible des épreuves était celle de la soif, et l'on venait de la subir assez cruellement pour ne point vouloir la recommencer.

Mais que pouvait l'énergie désespérée de l'homme contre l'implacable rigueur du ciel et les misères du dénuement le plus absolu ? Les jours et les nuits s'écoulaient, épuisant les provisions, diminuant les forces des malheureux.

Il y avait tout près de trois semaines que les fugitifs avaient quitté Madras.

C'était miracle que leur frêle embarcation n'eût pas succombé aux assauts de l'océan.

De nouveau, la faim, la soif, la chaleur effrayante accomplirent leur œuvre.

Ils tombèrent l'un après l'autre, et, cette fois, chose étrange, ce fut l'enfant qui succomba le dernier. Guillaume Ternant lutta désespérément contre le mal.

Seul, il dut pourvoir au salut de ses compagnons, leur prodiguer ses soins, leur porter avec des précautions infinies les rares gouttes d'eau chaude demeurée au fond des outres aux trois quarts vides. Puis, quand il eut vu Jacques de Clavaillan en proie à un délire continu, s'abattre lui-même à l'arrière, incapable de faire un mouvement, le petit orphelin jugea sa tâche terminée et se coucha pour mourir à côté de son grand ami vaincu.

CHAPITRE VI
LE SALUT

Combien de temps dura l'évanouissement de Will ?

Il n'aurait su le dire. Un poids énorme s'était abattu sur lui et l'avait écrasé. Un instant, il avait senti les rayons du soleil l'envelopper comme d'une trame, le fouiller au travers de ses paupières écartées, lui creuser les prunelles, lui vider le cerveau. Il avait perdu conscience.

Pas complètement toutefois, car il avait réussi à se soulever un moment, à repousser le faix de cette lumière aveuglante.

Il avait promené autour de lui un dernier regard, un regard plein de vertiges, sur l'immense nappe bleue clapotante. Et, tout au fond du ciel, il avait vu une tache blanche, à peine perceptible. Était-ce une hallucination ?

Un cri avait jailli de sa poitrine, cri traduisant sans doute la dernière pensée concrète que son imagination avait élaborée.

« Une voile à tribord ! »

Il était retombé pour tout de bon, cette fois. Il avait perdu tout sentiment, toute notion des choses. Et il ne se souvenait plus de rien.

Et, maintenant, il était descendu dans un hamac, la tête entourée de compresses. Sa prunelle, en reprenant connaissance de la lumière, n'avait perçu que de l'ombre, une ombre fraîche, et il s'était demandé machinalement si cette obscurité n'était point celle de la tombe.

Tous les retours à la vie ont ce caractère du réveil après un pesant sommeil.

Peu à peu, le sentiment rentra plus précis dans l'âme de l'enfant.

Un mouvement de fléchissement mou, la cadence d'un balancement régulier lui révélèrent tout d'abord qu'il était encore sur la mer. Le roulis le berçait doucement, et c'était un alanguissement plein de caresses auquel s'abandonnait le petit Will.

Puis les idées revenaient, pareilles à des lambeaux d'étoffes disparates recousues entre elles par le fil ténu d'une sensation lointaine, des données de la mémoire juxtaposées par l'imagination, sans ordre, sans plan uniforme. Il se revoyait dans la chaloupe, sous le soleil de feu, épuisé par la soif et les privations, luttant péniblement contre l'écrasement de ses forces par le poids de toute la nature.

Il voyait Evel et Ustaritz tombant l'un après l'autre, abattus, assommés par une chiquenaude des rayons brûlants, Jacques de Clavaillan succombant à son tour et se renversant, inerte, la nuque sur le plat bord, sans mouvement.

Lui-même, Will, survivait, mais d'une vie machinale, automatique, se soulevant parfois pour inspecter l'horizon. Et maintenant, le souvenir lui revenait d'une vision suprême, d'une voile aperçue au lointain de la plaine bleue.

C'était tout. Quelque effort qu'il fît pour porter sa mémoire plus loin, il ne découvrait rien ; il ne parvenait pas à ajouter une seule impression à toutes les autres. Une rupture s'était produite dans la trame de ses pensées, une lacune énorme existait dans son cerveau.

Fatigué de cette recherche vaine, l'enfant ferma les yeux et voulut se replonger dans le bon sommeil dont il venait de sortir afin d'y retrouver le repos.

Mais on n'impose pas silence au langage intérieur de l'esprit.

Will ne se rendormit pas. Sa pensée le tint éveillé malgré lui.

Alors, il se fit un changement dans l'ordre de ses réflexions.

Il voulut se rendre compte du lieu où il se trouvait, mieux connaître son séjour, car, maintenant, il n'avait plus de doutes : il était bien vivant.

Son regard s'éleva d'abord au-dessus de lui, et, à la faveur du demi-jour, ses prunelles, habituées à l'obscurité, reconnurent une sorte de plafond de bois, très bas, touchant presque son front. De ces planches une odeur caractéristique se dégageait, une odeur de goudron enduisant les joints, fermant l'entrée à l'humidité extérieure. Il était sur un navire.

Oui, un navire très semblable à la *Bretagne*, celui sur lequel jadis, en compagnie de son père, de sa mère et de sa sœur, il avait fait le voyage de Brest jusque dans l'Inde, ou plutôt jusqu'au moment où il avait été capturé.

La couche sur laquelle il reposait était un hamac de grosse toile suspendu à de forts anneaux de fer et retenu par des crochets. Autour de lui régnait une sorte de corridor, et, en détournant la tête, l'enfant reconnut que ce corridor s'allongeait en avant et en arrière de lui, dans les profondeurs du navire. Ce premier coup d'œil éveilla sa curiosité. Il se mit sur son séant et regarda mieux, à droite, à gauche, dans tous les sens.

Ce qu'il vit ne l'étonna pas absolument, mais l'émerveilla néanmoins.

Toute une suite de hamacs s'étendait en ligne à chaque bout du sien. Il y en avait une seconde ligne parallèle de l'autre côté du navire, et Guillaume se rendit compte qu'il était dans la batterie d'un vaisseau de guerre.

Au-dessous de la rangée des hamacs, des trous clairs de sabords laissaient pénétrer la pâle lumière qui lui avait permis de distinguer tous ces détails.

Et, dans les sabords, des canons de cuivre allongeaient leurs gueules luisantes. Au pied des affûts solidement amarrés, des boulets s'étageaient en pyramides régulières.

Sur les flancs des monstrueuses bêtes de bronze étaient disposés des écouvillons, des cuvettes, des seaux de diverses grandeurs.

La lueur externe mettait des taches éclatantes sur les surfaces arrondies et polies des culasses, sur les longs cylindres meurtriers, et Will, en promenant ses regards, en compta vingt-deux, onze de chaque côté.

Alors une crainte lui vint. A qui appartenait ce vaisseau de guerre ?

N'était-il pas anglais ? Est-ce que les odieux geôliers de Madras n'avaient pas ressaisi leur proie ? A cette heure, où étaient Clavaillan, Evel et Piarrille Ustaritz ? Étaient-ils vivants seulement ?

Toutes ces questions se pressèrent dans l'esprit de l'enfant et le remplirent d'angoisse.

Il s'y mêlait de la douleur et de l'effroi : de la douleur à la pensée de ses compagnons de captivité et de fuite, de l'effroi devant la perspective du sort qui l'attendait.

Ce sentiment cruel le tortura pendant une inappréciable durée. Mais, lentement, un apaisement se fit. Il se rassura progressivement.

S'il était au pouvoir des Anglais et qu'on lui voulût du mal, on n'aurait pas pris soin de le recueillir avec tant de précautions, de l'entourer d'autant de vigilance. On l'eût probablement jeté à fond de cale comme une marchandise avariée, en attendant qu'on le lançât par-dessus bord, avec un boulet aux pieds, ainsi qu'il l'avait vu faire sur la *Bretagne* aux passagers morts.

Ces réflexions lui parurent suffisamment concluantes pour calmer ses appréhensions, et il attendit avec plus de confiance les événements.

Si longues, si compliquées qu'elles eussent été, elles avaient duré fort peu de temps, et il n'y avait pas un quart d'heure qu'il s'était éveillé de son pesant sommeil, lorsqu'une voix qu'il connaissait bien le fit tressaillir.

« Eh bien, petit Will, disait cette voix, ça va-t-il mieux ?

— Monsieur de Clavaillan ! s'écria-t-il avec un accent de joie profonde.

— Allons ! je vois que ça ne va pas trop mal, répliqua Jacques, et que mes craintes à ton sujet étaient vaines. Car j'en ai eu de vives, tu sais ?

— Et moi aussi, dit naïvement l'enfant. J'ai eu grand'peur.

— Peur de quoi ? questionna l'interlocuteur en souriant.

— J'ai mis du temps à reconnaître que j'étais vivant et que je ne me trouvais plus sur notre pauvre chaloupe. J'ai même pleuré en pensant à vous et à Evel et Piarrille. J'ai cru que vous étiez morts tous les trois, puisque je ne vous voyais pas et que j'avais été pris par les Anglais. Est-ce que Piarrille et Evel sont vivants comme vous ?

— Oui, grâce à Dieu, mon garçon. A dire le vrai, Evel n'est pas très valide et il est comme toi couché dans un hamac.

— Mais, moi, c'est fini, monsieur de Clavaillan, c'est fini. Je ne suis plus malade.

— Alors, tu voudrais te lever, je parie. Je ne sais si je dois te le permettre.

— Oh ! permettez-le-moi ! Laissez-moi aller avec vous voir Evel, dites !

— Bon ! je te le permets. Mais ce n'est pas moi qui commande ici. Il faut d'abord que je te présente au commandant. Tu en seras content, d'ailleurs.

— Au commandant ! Alors, ce ne sont pas des Anglais, comme je l'ai craint ! »

Jacques éclata de rire et ce rire sonna bruyamment dans la batterie.

« Des Anglais ! Ah ! non, pour le coup, ce ne sont pas des Anglais, et je t'assure même que personne ne déteste plus les Anglais que le commandant. »

Tout en causant, il avait fait passer à l'enfant des vêtements de toile que Guillaume revêtit avec un empressement plein d'allégresse. Grand et fort pour son âge, le gamin eut tout de suite l'allure et les dehors du plus crâne mousse qui eût jamais grimpé à la pomme du grand mât.

Quand il fut sur pied, Jacques le prit par la main, car il était encore un peu sous le coup de l'étourdissement que lui avait causé son insolation.

Will marcha ainsi aux côtés de son grand ami jusqu'à l'extrémité de la batterie. Là il gravit un escalier de dix marches et se trouva à ciel ouvert, ébloui par la clarté extérieure, devant la porte de la cabine du commandant dépendant du roufle surélevé sur le pont.

Jacques poussa la porte devant lui et, dès le seuil, interpella un personnage étendu sur un cadre de bois de palissandre, dans une ombre rafraîchissante.

« Commandant, voici le mousse que vous avez sauvé avec nous. »

Une voix un peu rude répliqua, se faisant pourtant bienveillante :

« Ha ! ha ! Approche un peu, garçon, qu'on voie comment tu es fait. »

Guillaume fit trois pas en avant et dévisagea celui qui parlait. Il ne put retenir un cri.

« Monsieur Surcouf ! »

Le corsaire, car c'était lui, ne put dissimuler son étonnement.

« Ah ! çà, tu me connais donc, gamin ? Et d'où me connais-tu ? Parle, pour voir.

— D'où je vous connais ? Mais du jour où nous vous avons rencontré en mer, et où mon pauvre père vous a soigné. Est-ce que vous l'avez oublié ? Même que vous aviez promis à papa de faire de moi un bon matelot. »

Tandis que Surcouf, recouvrant la mémoire, souriait affectueusement, Jacques de Clavaillan intervint pour confirmer les paroles de Will.

« Ce gamin est le fils du docteur Ternant, passager du navire la *Bretagne*, qui vous pansa, il y a trois ou quatre ans, et fut pris par les Anglais. C'est de sa veuve et de ses enfants que vous m'avez donné la mission de m'occuper.

— Oui, oui, je me souviens très bien, Clavaillan, et je suis bien aise que vous ayez réussi dans vos démarches. Comment avez-vous laissé cette pauvre Mme Ternant ? Elle avait un autre enfant, si je ne me trompe, une belle petite fille, ma foi ? Qu'est-elle devenue ?

— Elle est auprès de sa mère, à Ootacamund, dans les Nielgherries, et promet d'être aussi belle que sa mère. Je me suis engagé à la prendre pour femme quand elle sera grande, si Dieu me prête vie. »

A ces paroles le cœur de Will se gonfla et le souvenir de sa mère et de sa sœur fit monter des larmes dans ses yeux.

Le corsaire parut touché de cette preuve de sensibilité. Il mit amicalement sa main sur la tête du garçonnet et lui dit doucement :

« Bien, ça, petit. Je vois que tu as bon cœur. Tu aimes bien ta famille. Mais apprends ceci : on ne pleure pas dans notre métier. Un marin a la peau des joues trop tannée pour les mouiller d'autre chose que d'eau salée. Tâche de devenir vite un homme pour aller délivrer ta mère.

— Oui, commandant, répliqua Will, qui essuya vivement ses paupières du revers de sa main nerveuse et comprima les hoquets de sa gorge.

— Clavaillan, ajouta Surcouf, puisque vous voilà avec nous, je vais vous confier le soin de prendre le commandement de la *Liberté*, dès que nous serons à la Réunion. Vous pourrez garder ce moussaillon dans votre équipage, et aussi les deux hommes que vous avez ramenés. »

Il congédia sur ces mots son lieutenant et Guillaume, et alla reprendre sa place sur son banc de quart, afin de presser la manœuvre.

« Tu vas venir déjeuner avec moi, petit, dit alors le marquis. Présentement, nous ne figurons ici qu'à titre de passagers. Nous serons en terre française sous trois jours, et là tu entreras au service pour tout de bon. En attendant, Ustaritz et moi, Evel quand il sera debout, nous continuerons les bonnes leçons de Madras. Tu pourras grimper aux haubans tout à ton aise et achever l'apprentissage que tu as si rudement commencé à bord de la chaloupe. »

Will descendit de nouveau dans la batterie, afin d'embrasser le pauvre Evel.

Il trouva le Breton très affaibli. Par bonheur, la congestion cérébrale, due à l'action des rayons solaires, avait pu être détournée. Evel avait repris ses sens, et, bien qu'il souffrît beaucoup de la tête, avait retrouvé l'usage de la parole.

Il voulut raconter à l'enfant les péripéties de leur sauvetage. Mais Jacques de Clavaillan s'y opposa et fit observer rigoureusement les mesures de précaution imposées par la pratique de cette zone redoutable.

Un repos absolu pouvait seul assurer le prompt et complet rétablissement du malade.

Mais le silence était imposé à Evel, il ne l'était pas à son compagnon.

Le Basque put donc se dérouiller la langue et raconter à Guillaume, avec un grand luxe de détails, l'événement miraculeux qui les avait arrachés à la mort.

Il le fit avec cette faconde joyeuse que l'homme du Midi ne perd jamais.

« Cric ! dit-il pour commencer, selon le formulaire obligé des matelots.

— Crac ! » répondit le gamin qui n'aurait eu garde de pécher contre cette règle à laquelle aucun apprenti marin ne saurait se soustraire sans forfaiture.

Et le reste de la formule fut prononcé : « Une morue dans ton sac, une ! » etc.

« Donc, pitchoun, fit enfin Ustaritz, sache que nous étions au plus bas, et même que moi qui te parle, j'étais déjà descendu au tréfonds de l'enfer lorsque…

— Piarrille, interrompit naïvement Guillaume, est-ce que tu n'es pas né à Marseille ? »

« L'enfant de quelqu'un », l'Euskare, bondit à cette hypothèse insultante.

« Né à Marseille, moi, moi, un Moco, petit ? Et pourquoi me demandes-tu ça ?

— C'est parce que, à bord de la *Bretagne*, chaque fois qu'un passager racontait une histoire extraordinaire, mon père disait : « Il est de Marseille, celui-là ! »

Piarrille Ustaritz, originaire d'Azcoïtia, ou peut-être de Saint-Jean-de-Luz, haussa les épaules.

« Ton père était un Breton, comme cette andouille d'Evel, petit ; ça se voit tout de suite, et, sauf le respect des morts, tu feras bien de ne pas lui ressembler, sans quoi tu pourrais devenir un grand médecin, possible, mais tu ne serais qu'un failli chien de matelot. »

Guillaume se le tint pour dit et n'osa plus interrompre le conteur.

Mais celui-ci avait sur le cœur la supposition désobligeante de son auditeur.

Il voulut en détruire l'effet sur-le-champ, et reprit avec une solennelle emphase :

« Apprends, gamin, que je me nomme Pierre Ustaritz, dit Piarrille, par abrégé, natif des Pyrénées, en la province de Gascogne, que je suis Basque et que j'ai eu l'honneur d'être mousse et même matelot, sous M. le bailli de Suffren, que j'ai été prisonnier des Anglais et retenu dans l'Inde où, faute de mieux, j'ai essayé de planter du café, ce qui ne m'a pas réussi. C'est pourquoi, comme l'ami Evel, je me suis décidé à suivre le marquis le jour où il nous a offert de filer avec lui.

« Maintenant, te voilà renseigné, et je me plais à croire que tu ne commettras plus la sottise de me croire d'un autre pays que le mien. Je te ferai voir, d'ailleurs, toute la différence qu'il y a entre un Basque et un Marseillais. »

Will accepta docilement cette leçon d'ethnologie peu compliquée.

« Mais, reprit le Basque, tu attends de moi que je te dise comment nous avons été sauvés. Ce n'est pas très commode, attendu que tu en sais presque autant que moi, puisque c'est toi qui es tombé le dernier au fond du bateau.

« Voilà donc que nous étions tous affalés sous le grand soleil, en train de passer tout doucement dans l'autre monde, lorsque quelque chose qui ressemblait à un fort pincement m'a secoué. Et, sandious, la douleur était si vive qu'elle m'a réveillé.

« Du coup, je me suis redressé, ce qui m'a montré une nuée de frégates et d'autres bêtes à grandes ailes s'envolant de dessous la chaloupe. Il y en avait assez pour nous dévorer tous, en un quart d'heure, si nous avions été morts. Seulement, nous ne l'étions pas. Au mouvement que je fis, toute cette vermine s'envola avec des cris, et je m'aperçus alors que ma jambe gauche saignait. C'était encore heureux que la sale bête fût venue me prendre par là au lieu de me vider un œil, comme elle aurait pu le faire d'un coup de bec. Et donc, il était solide, ce bec, et il m'avait emporté un pouce de chair.

« Je n'étais pas bien solide, de vrai. Cependant, je parvins à me tenir debout et, alors, ce que je vis acheva de me rendre des forces.

« A un quart de mille de nous, un grand navire s'approchait tout doucement, et à une dizaine d'encablures, un canot s'avançait avec huit rameurs.

« Je n'eus pas le temps de réfléchir, et, d'ailleurs, je ne l'aurais pas pu, tant ma tête tournait dans tous les sens. Presque aussitôt le canot nous accosta. Deux matelots sautèrent sur notre bord, et l'un d'eux m'interrogea.

« Mais faut croire que j'étais paralysé de la langue, car je ne pus articuler un seul mot. Je fis entendre une espèce de grognement sourd, et l'homme qui m'avait questionné dit à l'autre en français :

« — Le pauvre gars me paraît bien malade. Il est idiot, pour le sûr et le certain.

« — Dame ! répondit le camarade, c'est peut-être le soleil qui lui donné sur la coloquinte ? Ça s'est vu, ces choses-là, pas plus loin que chez nous.

« Alors, il vint à moi, en me faisant des signes, et, comme le canot était bord à bord avec la chaloupe, il m'aida à y monter en me tendant la main.

« Deux autres des matelots vinrent les rejoindre sur la chaloupe, et, l'un après l'autre, on vous tira tous, toi le premier, pitchoun et on vous embarqua dans le canot du grand navire. Quand ce fut le tour de M. de Clavaillan, l'un des hommes, le plus vieux, après l'avoir regardé, jeta un cri :

« Sainte Mère ! mais c'est le lieutenant que nous avons ramassé là ! »

« Lorsque tout le monde fut dans le canot, celui-ci vira de bord, traînant la chaloupe à la remorque, et revint vers le vaisseau qui continuait à revenir vers nous.

« Pendant ce temps, le barreur du canot avait débouché une gourde et me l'avait tendue en me disant avec un gros bon rire :

« Tiens, matelot, croche là dedans et rince-toi le goulot. Ça te fera du bien. »

« Il avait raison. Je crois bien qu'à ce moment-là il y avait quarante-huit heures que nous n'avions pas bu une goutte. C'était du bon vin de France qu'il y avait dans le bidon du quartier-maître. J'en bus deux lampées qui me remontèrent tout de suite. Elles me délièrent la langue.

« Ils furent encore plus étonnés que moi de me voir parler.

« Ah ! çà, tu n'es donc plus idiot ? » me cria le premier que j'avais vu.

« Idiot ! répondis-je. Tu l'es peut-être plus que moi, matelot ? »

« Il ne se fâcha pas. Il enjamba le bac et vint s'asseoir à mon côté.

« Alors, il se mit à me poser des questions, me demandant qui j'étais, qui vous étiez, vous autres, d'où nous venions. Et quand je lui eus dit que nous nous étions sauvés de chez les goddems sur cette mauvaise barque, il n'y voulait pas croire. Heureusement que le vieux qui avait reconnu M. Jacques me donna raison. D'ailleurs, nous étions arrivés au vaisseau.

« C'est, ma foi, un beau vaisseau, petit, une corvette digne de celui qui la commande, et qui porte trente beaux canons sur le pont et dans la batterie.

« On nous fit tous monter par l'échelle de coupée. Quand je dis qu'on nous fit monter, je veux dire que je fus seul à monter.

« Les autres arrivèrent en haut sur les épaules des camarades, toi le premier, vu que tu ne pèses pas lourd.

« On nous mena tout droit dans l'entrepont ; on nous donna des hamacs avec des matelas de toile, et le capitaine Surcouf vint tout de suite nous voir.

« C'est un rude gars, le capitaine Surcouf. Eh bien ! en reconnaissant M. de Clavaillan, il se mit à pleurer comme un enfant et à l'embrasser de tout son cœur, si bien que M. Jacques finit par se réveiller, lui aussi.

« Pour Evel, ce fut plus long.

« On le bassina avec de la moutarde pour lui faire descendre le sang qu'il avait dans la tête, et tu as pu voir qu'il n'est pas encore remis de la secousse. Quant à toi, on t'entoura la tête de linges mouillés et l'on te laissa bien tranquille à l'ombre pour te reposer. »

Will avait écouté de toutes ses oreilles ce récit assez décousu.

Lorsque Ustaritz eut terminé, il lui posa à son tour quelques questions.

« Quand tout cela est-il arrivé ? Je me souviens que j'avais aperçu le vaisseau avant de tomber au fond de la chaloupe. Mais, sur le moment, je n'avais pas la force de m'assurer que je ne rêvais pas tout éveillé.

— C'est arrivé avant-hier, pitchoun. Nous avons dormi longtemps, probable.

— Et comment s'appelle le vaisseau sur lequel nous naviguons maintenant ?

— Il s'appelle la *Confiance*, petit, et, de vrai, il mérite son nom.

— La *Confiance* ! C'est un beau nom, en effet matelot. Je l'aime.

— Je te crois que tu peux l'aimer ! Sans lui, à cette heure, les mouettes nous auraient tous mangés sans nous laisser le loisir de dire : « ouf ! »

On comprend que cette narration eût mis en goût le garçonnet.

Aussi, dès que le Basque eut achevé son récit, Guillaume, se rappelant les prescriptions de Clavaillan, mit Piarrille en demeure de lui donner sa première leçon de manœuvre dans les mâts de la corvette.

Quelle que fût sa vantardise habituelle de Gascon, Ustaritz dut confesser que vingt-quatre heures lui étaient encore nécessaires pour se remettre sur pied.

Ce ne fut donc qu'une prolongation du repos prescrit, et Guillaume dut regagner son hamac, afin d'y achever sa journée.

Il ne s'en plaignit pas, du reste, ses membres étant très las du long séjour qu'ils avaient fait dans la chaloupe de milord Blackwood.

Le lendemain, quand il s'éveilla aux notes éclatantes de la trompette sonnant la diane dans la batterie, il fut prompt à quitter sa couche afin de prendre sa part des fatigues et des travaux de ses compagnons de route.

Maintenant, il était tout fier d'habituer son esprit et son corps à ces épreuves de la vie et de la mort, épreuves que tout vrai matelot doit se sentir sans cesse prêt à subir.

Il n'avait plus bien longtemps à supporter cette expérience première.

Deux jours ne s'étaient point écoulés que les côtes de l'île Bourbon apparurent paraissant sortir lentement des profondeurs de la mer.

CHAPITRE VII
L'ÉQUIPAGE D'UN CORSAIRE

C'était vraiment un beau navire que la *Confiance*.

Il représentait le type de ces vaisseaux que l'image nous fait connaître.

Haut de l'avant, il l'était plus encore de l'arrière. Ses trois mâts, légèrement inclinés vers l'avant, portaient crânement leurs voiles carrées.

Il se comportait à la mer comme un cheval de race sous la main d'un cavalier expérimenté. Ses larges flancs s'asseyaient bien sur l'eau et le soutenaient comme se soutiennent les hippocampes de la mythologie attelés au char de Neptune. Et, chaque fois qu'il évoluait, on voyait luire à ses robustes hanches les quatorze gueules dorées de ses canons.

Une pièce plus grande s'allongeait un peu en arrière du beaupré, une plus petite sur l'étambot. Surcouf avait, en effet sur cette question émis une opinion remarquable, digne de son impétueuse vaillance.

« L'ennemi ne doit me voir que lorsque je fonce sur lui, et, s'il lui prend fantaisie de me tourner, il faut qu'il sache que j'ai le dard du scorpion. »

Et, cependant, il soupirait quand on le complimentait sur son navire.

Cette robuste *Confiance* n'était point encore le vaisseau de ses rêves.

« Sans doute, sans doute, disait-il en hochant la tête, c'est une bonne bête, qui fait bien sa besogne. Mais ce n'est qu'un cheval de labour, digne des preux du bon vieux temps. Il serait mieux avec une armure de fer. Ce que je rêve, c'est un bateau fin et délié, maigre comme un coursier arabe, qui puisse filer ses douze ou treize nœuds sous un bon vent. »

Ainsi l'illustre corsaire avait déjà la conception de notre marine contemporaine vêtue de fer, avec sa division en cuirassés et en croiseurs.

A cette époque, Robert Surcouf, à peine âgé de trente-deux ans, avait déjà la renommée d'un des plus habiles coureurs de mer qu'on pût rencontrer. Il venait de gagner définitivement le grand procès qu'il soutenait depuis neuf ans contre l'administration coloniale pour le règlement de sa part dans la prise du *Triton*, vaisseau anglais de vingt-six canons, et de quatre autres navires de la même nation et d'un danois, qui avait rapporté cent seize mille piastres.

Napoléon, devenu empereur, avait, d'autorité, liquidé cette querelle, et fait compter au vaillant marin quinze cent mille francs, plus deux cent mille prélevés sur sa cassette personnelle.

Les deux années de paix dont le monde avait joui avaient créé des loisirs à l'infatigable batailleur, et il les avait occupés à élaborer le plan du bateau idéal sur lequel il se proposait de reprendre ses courses terribles. Aussi, dès la rupture de la paix d'Amiens, en pressait-il la construction.

Présentement, le futur corsaire était sur les chantiers de Saint-Denis, et l'on pouvait déjà en admirer les formes élégantes et fortes en même temps.

Surcouf avait fait grandement les choses. Il avait affecté cinq cent mille francs à la construction de ce vaisseau merveilleux.

En attendant, pris de court, il avait été contraint de se servir de la *Confiance*.

Or, c'était à bord de la *Confiance* qu'il venait de livrer bataille à une corvette anglaise, qu'il l'avait coulée, et, après avoir capturé son équipage, l'avait généreusement relâché à la pointe méridionale des Maldives.

Puis, pour assurer le salut de ces malheureux, il avait donné la chasse à un bateau anglais auquel il avait imposé pour toute corvée de guerre de rapatrier leurs malheureux compatriotes.

Cet exploit, digne des héros antiques, avait valu au jeune corsaire une immense renommée, et, lorsqu'il rentra à la Réunion, vers la fin du mois d'août, il trouva la population en effervescence.

On l'accueillit triomphalement ; on lui dressa des arcs de triomphe, on jeta des fleurs et des palmes sous ses pas. Le gouverneur anglais de Maurice lui adressa un message avec une couronne d'or pour le complimenter de sa magnanimité. Surcouf devint le héros des légendes de mer.

Or, à la même époque, de graves événements s'accomplissaient en Europe. La France perdait sa dernière flotte et l'Angleterre son plus illustre marin.

Le 21 octobre, en effet, pendant que Napoléon, dont les projets de débarquement en Grande-Bretagne avaient échoué au camp de Boulogne, entrait victorieusement à Vienne, dans le palais de Schœnbrunn et s'apprêtait à écraser la première coalition à Austerlitz, Nelson mourait glorieusement à Trafalgar, après avoir détruit les vaisseaux franco-espagnols de Villeneuve, et tué les deux amiraux Magon et Gravina.

Ces nouvelles traversèrent le globe et vinrent ajouter de nouveaux stimulants aux fièvres patriotiques des deux nations rivales.

Des récits de tout genre circulèrent, enflammant l'ardeur des combattants.

Les Anglais se répétaient avec transports les dernières paroles de Nelson.

S'adressant à son capitaine de pavillon, le grand marin, atteint d'une balle en pleine poitrine et sentant la mort venir, s'était écrié en tombant :

« Hardy, Hardy, les Français en ont fini avec moi. »

De leur côté, les vaincus de la terrible journée citaient des faits d'héroïque constance.

Ils narraient le trait admirable de ce capitaine de vaisseau, renouvelé de celui de Dupetit-Thouars à Aboukir, lequel, ayant les deux jambes emportées par un boulet, s'était fait placer dans un baril de son, afin d'atténuer la perte de sang et commander jusqu'à son dernier soupir la manœuvre aux vaisseaux placés sous ses ordres.

Tout cela alimentait les conversations et entretenait le feu des énergies.

Les détails abondaient, car les gazettes anglaises et françaises insistaient longuement sur l'événement. Elles disaient l'incroyable bravoure déployée de part et d'autre, la prodigieuse lutte soutenue par le vaillant commandant Lucas du *Redoutable* contre le *Victory* où se trouvait Nelson en personne, et où il avait été blessé mortellement, en même temps que contre le *Neptunus*, autre vaisseau anglais de quatre-vingts canons.

En attendant qu'on prît la mer, Evel, Ustaritz et le petit Will passaient leurs journées aux alentours du port, suivant avec impatience les progrès des réparations à faire à la *Confiance* et ceux de la construction du futur vaisseau que se réservait Surcouf.

Car on prêtait au corsaire l'intention d'agir sur une plus vaste échelle, c'est-à-dire de partir en course avec un second que la rumeur publique désignait déjà en Jacques de Clavaillan.

On ne se trompait point. Le Malouin avait appelé son compatriote qui était en même temps son frère d'armes, et lui avait fait la proposition de se mettre à deux pour donner la chasse à l'ennemi.

« Marquis, lui avait-il dit avec sa rondeur habituelle, je te laisse le choix de redevenir lieutenant à mon bord, ou de me seconder en prenant toi-même le commandement d'un autre navire. »

A quoi Clavaillan avait répondu sur le même ton :

« Parle franc jusqu'au bout, Robert. Je comprends bien que tout le temps que mes habits rouges m'ont gardé en leur aimable compagnie, tu n'as pas pu te passer de second. Et, maintenant, il t'est difficile de congédier ce brave Cléden, ou de le faire descendre d'un rang pour le mettre au-dessous de moi. C'est, en effet, un excellent marin et, de plus, un homme auquel je dois le respect de l'âge.

— Tu as deviné, mon cher Jacques, répliqua Surcouf en riant.

— En conséquence, reprit le marquis, bien que tu me laisses le choix, je ne l'ai guère. J'accepte donc de commander ton second navire. Seulement, où est-il, ce second ? Car je n'imagine pas que celui qu'on te construit en ce moment puisse être lancé avant deux mois au moins.

— Voilà ce qui te trompe, matelot. Il sera paré dans quinze jours.

— Dans quinze jours ? Tu te moques de moi.

— Pas le moins du monde. Dans quinze jours, je l'ai dit et je le répète.

— Mais tout est à faire à l'intérieur. C'est à peine si les deux ponts sont terminés. Il n'y a ni cloisons, ni cabines. La soute aux poutres n'est pas aménagée.

— Voyons, fit Surcouf, en haussant les épaules, ce n'est pas sérieusement que tu me dis cela ? As-tu visité le bateau ? Il n'y manque, à vrai dire, que le gréement. Pour le reste, les charpentiers le finiront en mer. »

Et, prenant Clavaillan sous le bras, Surcouf le conduisit aux chantiers.

Là, il lui fit visiter dans tous ses détails le nouveau bâtiment.

Celui-ci avait été construit sur les plans et d'après les coupes de Robert Surcouf lui-même.

Fils d'armateur, le corsaire avait sucé, en quelque sorte, avec le lait de sa mère, sa vocation de marin. Il avait appris dès son enfance ce métier de constructeur dans les chantiers qui fournissaient à son père ses meilleurs et ses plus rapides navires.

C'était même, en ces temps de prime jeunesse, une cause perpétuelle de souci pour la famille Surcouf que les fugues nombreuses et imprévues du jeune Robert hors du collège d'où il avait fini par être expulsé. Si l'enfant n'avait mordu ni au latin, ni au grec, en revanche, il s'était rompu à tous les exercices du corps et avait acquis une science consommée de la construction.

Il venait d'en fournir la preuve en mettant sur chantier le nouveau vaisseau avec lequel il s'apprêtait à courir les mers, et auquel, par allusion à son inaction de la paix d'Amiens, et surtout au bruit de sa mort qui avait couru avec persistance, il avait donné le nom significatif de *Revenant*, marquant par là que Surcouf ressuscité serait plus redoutable que Surcouf vivant.

Le *Revenant* était un bateau long de soixante-huit mètres, d'une jauge de trois mille tonneaux, à la coque étroite et effilée, à l'étrave creuse et fuyante, avec des joues évidées et de fortes hanches.

Sa quille, par une conception qu'ont adoptée plus tard les embarcations de course, était plus profonde à l'avant qu'à l'arrière, si bien que celui-ci semblait reposer simplement sur l'eau.

Un triple balcon garnissait l'étambot et le gaillard était protégé par des madriers vêtus de tôle d'acier, encore une innovation par laquelle le jeune marin anticipait sur la construction de l'avenir.

Les trois-mâts étaient inclinés vers l'avant, afin d'y porter toute l'action du vent et prévenir en même temps les ruptures par excès de résistance. Les deux ponts formant les batteries étaient surmontés de substructions qui servaient au logis de l'équipage. Celui-ci, d'ailleurs, devait faire l'objet d'un tri méticuleux.

« Vois-tu, disait Surcouf à Clavaillan, j'ai mes idées très arrêtées là-dessus. Les meilleurs matelots de France et du monde entier sont les Bretons. Après eux viennent les gens du pays basque et ceux des côtes de Flandre. Les Mocos ont des qualités d'entrain et de bonne humeur qui les rendent précieux dans un équipage.

« Je tâcherai donc d'assembler dans le mien tous ces éléments. Mais, comme il est possible que je ne les trouve pas dans les proportions désirables, j'y suppléerai avec des nègres, des Hindous et des Malais, lesquels, bien encadrés et bien entraînés, font encore des marins très passables. »

On se mit donc en quête de trouver les hommes nécessaires à cette organisation spéciale.

Les quelques semaines qui précédèrent l'appareillage, chacun des deux chefs d'expédition employa son temps au mieux des intérêts de la commune entreprise.

Si occupé qu'il fût par ses devoirs de commandant, Jacques de Clavaillan n'oubliait pas son petit ami Guillaume Ternant.

Will avait aujourd'hui douze ans accomplis, et son baptême de gabier avait été assez rude pour qu'il fût familiarisé avec la mer.

Il lui restait à faire l'apprentissage de la guerre, et ce n'était pas le plus facile.

Un nouveau scrupule hanta l'âme du jeune marquis, scrupule digne de la grande délicatesse dont il avait déjà donné tant de preuves à la famille Ternant. Il se demanda s'il avait vraiment le droit d'entraîner cet enfant dans les hasards de son aventureuse carrière et de l'exposer à ses formidables dangers.

Il appela donc Guillaume et voulut l'interroger avec soin.

L'enfant devina tout de suite, à la physionomie de son ami, que de nouveaux doutes avaient assailli l'esprit de celui-ci.

Il se tint donc debout devant lui, le cœur étreint d'une inquiétude, gardant un silence, qui trahissait d'ailleurs son angoisse.

« Guillaume, commença Jacques de Clavaillan, nous sommes à la veille d'appareiller. Au moment de partir, j'hésite à t'emmener.

— Vous hésitez ? » murmura Will.

Et, comme le marquis gardait le silence, l'enfant poursuivit :

« Est-ce que vous n'êtes pas content de moi ? Ai-je fait quelque chose de mal ?

— Non, répondit spontanément Jacques. Je n'ai que des éloges à t'adresser.

— Alors pourquoi ne voulez-vous pas m'emmener ?

— Je n'ai pas dit que je ne veux pas, Will. J'ai ait que j'hésite.

— Ça revient au même, bon ami. Pourquoi hésitez-vous ? »

Le marquis était debout. Il arpentait la chambre à grands pas, les mains derrière le dos, en proie à une visible perplexité.

« Voilà un an que j'ai quitté l'Inde, reprit Will, et ma résolution n'a pas failli. Plus que jamais, je veux être marin. Je vous l'ai affirmé. »

Jacques se plaça en face de lui, les bras croisés, le dévisageant bien :

« Marin, je veux bien, Will. Mais marin ne veut pas dire corsaire.

— Qu'est-ce que ça veut dire, alors ? » interrogea naïvement l'enfant.

La question était si naturelle, si franche, que Jacques éclata de rire.

« Tu n'y as pas réfléchi, reprit-il. Ne t'es-tu mais demandé s'il n'y a point de marins en temps de paix ? A quoi servent-ils ?

— Pardon ! Je me suis posé cette question. Je sais fort bien qu'il y a des marins autrement qu'en temps de guerre, et en puis d'autant moins douter que mon premier voyage s'est fait sur un navire de commerce.

— Eh bien ! tu viens de répondre toi-même à ta question, Will.

— En ce cas, bon ami, il n'y a pas d'erreur possible. Je ne veux pas être marin de commerce.

— Comment ? Tu n'aurais pas de plaisir à courir la mer comme un voyageur de profession, à voir du pays, à respirer le grand air du large ?

— On a ce même plaisir sans être simple matelot de commerce. »

Jacques éprouva un réel embarras. Il sentait les arguments lui manquer.

Il désigna du doigt un siège à son petit ami, et lui dit doucement :

« Assieds-toi et écoute-moi avec attention. Tu me comprendras mieux.

« Je m'explique volontiers que tu ne veuilles pas être matelot pour convoyer des barriques de vin, des sacs d'épices ou des ballots de coton. Mais il y a une autre façon d'être marin et de prétendre à la gloire de la vie maritime.

— Sans doute, interrompit l'enfant, c'est d'être libre comme vous, c'est-à-dire corsaire, et de livrer bataille tous les jours aux Anglais. »

Un nouveau sourire se joua sur les lèvres de Jacques de Clavaillan.

« Ainsi, dit-il, pour toi, il n'y a que deux sortes de marins : les corsaires et ceux qui ne le sont pas ? C'est bien ainsi que tu l'entends ? »

Et, comme le garçonnet répondait oui de la tête, Jacques reprit :

« Eh bien ! il y a une autre façon d'être marin, et même, à vrai dire, c'est la meilleure pour ne pas dire l'unique manière, de l'être glorieusement. »

Guillaume ouvrit de grands yeux pleins d'étonnement.

« Tu vas comprendre, poursuivit son interlocuteur. Nous autres, corsaires, nous ne sommes tels que parce qu'il ne nous est pas possible d'être autre chose. Nous sommes les irréguliers de la mer, à peine un peu plus que des pirates, avec cette différence pourtant que nous combattons pour la patrie et que nous y sommes autorisés par des lettres de course. Mais cela n'empêche pas les Anglais de nous traiter en vrais forbans, et, si nous avons le malheur de nous laisser prendre, de nous pendre aux vergues de leurs vaisseaux ou de nous envoyer pourrir sur les pontons.

« Les vrais marins qu'on traite en prisonniers de guerre sont ceux qui servent à bord des bâtiments de l'État. Ceux-là sont des réguliers. Ils obéissent à des ordres précis, ils ont des officiers élevés dans des écoles ; ils ont de grands bateaux avec de grands canons et ils livrent bataille à l'ennemi, ayant pour eux les droits de la guerre.

— Et, demanda Will, est-ce qu'ils valent mieux que les autres ? »

Jacques de Clavaillan demeura un instant à court, interloqué par cette question étrange, sous laquelle il pressentait une ironie.

« Que veux-tu dire par « meilleurs » ? Qu'entends-tu par là ? interrogea-t-il.

— Je veux savoir s'ils sont plus braves, s'ils connaissent mieux le métier.

— Dame ! il faut le supposer, puisqu'ils font des études pour cela.

— Alors, comment se fait-il qu'ils aient été battus deux fois à Aboukir et à Trafalgar, alors que ni Surcouf ni vous n'êtes jamais battus ? »

L'objection était grave. Elle allait à l'encontre des intentions du marquis.

« Petit, répliqua-t-il, un peu bourru, les hommes les plus braves et les plus habiles peuvent avoir une mauvaise chance, les circonstances contre eux, toutes sortes d'obstacles imprévus. Cela ne prouve point qu'ils vaillent moins que d'autres, mais seulement qu'ils ont moins de bonheur. »

Et, coupant court à ces réflexions, il posa à son tour une question directe :

« Voudrais-tu être de ces marins-là, Guillaume, travailler et étudier en vue de l'épaulette d'officier et rentrer ainsi dans l'existence régulière ? »

Les yeux de l'enfant s'allumèrent. Une flamme y brilla soudain.

« Et vous croyez que j'y pourrais servir aussi bien mon pays ?

— Tu le servirais mieux, puisque tu lui donnerais toute ta vie, que tu lui consacrerais toute ta carrière. Ce serait la plus noble des existences.

— Et pourrais-je être plus utile à ma mère et à sœur en faisant ainsi ?

— Ta mère et ta sœur jouiraient mieux de la fortune et de la gloire que tu pourrais acquérir. La France manque de marins. La voie t'est largement ouverte. Tu n'as qu'à y entrer résolument. »

Guillaume avait penché la tête. Il réfléchissait.

Quand il la releva, sa pensée s'était faite précise. Il demanda :

« Mais, pour devenir officier, pour faire ces études dont vous me parlez, il faut aller en France, n'est-ce pas ?

— Oui, naturellement.

— Alors vous me ramèneriez en France ? »

Clavaillan fit un geste évasif et répondit sur un ton analogue :

« Bien certainement, je te mènerai en France, dès que je pourrai.

— Dès que vous pourrez ? Et quand pourrez-vous m'y mener ?

— Dame ! Quand la mer sera libre, quand nous l'aurons débarrassée des Anglais, dans un an ou deux, lorsque l'Empereur aura débarqué en Angleterre et sera rentré à Londres.

— Et, d'ici là, soupira Guillaume, que devrai-je faire ?

— D'ici là, on te mettra au collège ici, et tu y commenceras tes études. »

Alors, la volonté fit explosion en une parole digne d'un homme.

« Eh bien ! non, bon ami, je ne veux pas de ça.

« Vous m'avez emmené pour faire de moi un mousse de Surcouf.

« Plus tard, je serai officier, s'il plaît à Dieu. Pour le moment, mousse je suis, mousse je resterai. »

Et ce fut la fin de l'entretien entre l'homme et l'enfant.

....

Jacques de Clavaillan s'en fut retrouver Surcouf. Il laissa éclater son admiration avec une sincérité qui fit rire son compagnon d'armes.

« En vérité, Robert, tu m'émerveilles. Il n'y a pas un armateur, pas un constructeur dans le monde entier qui aurait pu concevoir et exécuter le plan d'un pareil navire. Voilà une frégate qui ira de pair avec n'importe quels trois-ponts.

— Vois-tu, riposta Surcouf, ceci prouve que les parents n'ont pas toujours raison de vouloir imposer une carrière à leurs enfants.

« Si, au lieu d'étudier du latin et du grec au collège, je n'avais pas passé mon temps à étudier les bateaux du port et dessiner d'innombrables carcasses sur mes cahiers, ce qui me valut force *pensums*, je ne serais pas arrivé à connaître à fond les principes de la construction.

« Aujourd'hui, je sais, à un dixième près, ce qu'il faut de clous, de rivets, de chevilles à un vaisseau de ligne, aussi bien qu'à une chaloupe de pêche ; quelle est la meilleure toile à voile, le meilleur chanvre, le meilleur goudron. Je peux, au toucher seulement, évaluer la qualité d'un madrier de pin ou de teck, et, si je me trouvais tout seul dans une forêt de ces deux essences d'arbre, avec des vivres, une scie, une gouge, un marteau et des clous, je me construirais un canot ponté mieux que le père Noé ne construisit son arche. Et il tiendrait l'eau, je te le garantis.

— Oui, mais il n'aurait pas autant de passagers que l'arche.

— Sans doute, mais je ne mettrais pas cent ans à le bâtir comme lui.

— Et comment vas-tu l'appeler, ce chef-d'œuvre ?

— D'un nom qui aura une belle signification. Telle que tu la vois, ma frégate reproduit le type du plus parfait de nos vaisseaux, de ce *Redoutable* qui vient d'être pris à Trafalgar et que les Anglais ont perdu à Cadix, sur la Pointe des Diamants, dans la tempête qui suivit la bataille navale de Trafalgar. En outre, comme depuis la rupture de la paix je n'ai fait qu'une course en mer, celle où je vous ai recueillis, toi et tes compagnons, j'aurai l'air de sortir de l'autre monde. Je nommerai donc mon beau navire le *Revenant*.

— Bravo ! s'écria Jacques, qui battit des mains. Voilà un beau nom ! Et j'imagine que tu vas l'armer en conséquence ? Où prendras-tu les canons ?

— Les canons ? Mais je les ai déjà. D'abord les trente-quatre de la *Confiance*. »

Clavaillan l'interrompit vivement et demanda avec gaîté :

« C'est pour ça, parbleu ! que tu me donnes la *Confiance*. Merci bien. »

Les deux hommes s'arrêtèrent un instant, afin de rire tout à leur aise.

« C'est vrai ! Je ne pensais plus à toi, mon pauvre Jacques. Mais, écoute-moi, il y a encore un moyen de tout arranger. Tu vas voir. »

Et il se mit à expliquer au marquis qu'indépendamment des vingt-quatre canons, ou caronades, qu'il avait dû se réserver pour armer le *Revenant*, il lui restait douze ou quinze pièces de diverses portées.

« Avec ça, il y a de quoi armer jusqu'aux dents un brick.

— Va pour le brick ! Entre nous, j'aime mieux ça. C'est plus dans mes cordes. Et puis, à parler franc, ta *Confiance* ne m'en inspirait guère.

— A moi non plus, camarade. Ce n'est pas un vaisseau de course.

— Donc, c'est un brick. Mais il faut qu'il soit prêt aussi dans quinze jours.

— Il le sera, tonnerre de Brest ! Et, dans quinze jours, nous appareillerons de conserve. Janvier est une bonne saison pour courir sous les tropiques. »

Il disait vrai. Au bout de deux semaines, les deux vaisseaux corsaires recevaient simultanément le baptême, et le *Revenant* sortait triomphalement de son berceau, saluant de l'avant les quatre points cardinaux et recevant sur sa hanche de bâbord le salut de la bouteille cassée.

Le brick avait reçu, pour la circonstance, un nom significatif.

Clavaillan l'avait consacré au souvenir en l'appelant la *Sainte-Anne*.

C'était le vocable du vaisseau sur lequel avait été tué le héros espagnol Gravina.

« A propos, dit le marquis à son chef, pendant le banquet d'adieux qui précéda le départ, t'ai-je dit que la charmante lady Blackwood m'a chargé de recommander à ta courtoisie une cousine à elle ?

— Non, par ma foi ! tu ne m'en as rien dit. Ceci est la première nouvelle.

— En ce cas, sache que cette cousine se nomme lady Stanhope, qu'elle a quitté l'Angleterre pour venir rejoindre son mari dans l'Inde, et qu'elle a emporté d'Europe un piano de grande marque, un piano à queue, paraît-il, ou plutôt deux, dont l'un est destiné à lady Blackwood elle-même.

— Que veux-tu que me fasse ce piano ? Et pourquoi me racontes-tu cette histoire ?

— Parce que je me suis engagé pour toi, Robert. J'ai donné ma parole.

— Ta parole, pour moi ? Et à quel sujet, triple fou ?

— J'ai promis que tu rendrais les deux pianos sains et saufs aux deux aimables ladies. On a beaucoup ri de ma promesse, mais je l'ai maintenue. »

Surcouf se gratta la tête et répondit, moitié fâché, moitié riant :

« Mon cher, tu as pris là un singulier engagement. D'abord je ne puis pas répondre que ces précieuses boîtes à musique ne seront pas détériorées.

— Ce risque est réservé. J'ai excepté les boulets et l'eau de mer.

— Bon ! C'est quelque chose, mais ce n'est pas tout. A la rigueur, je puis garantir la restitution d'un des pianos sur deux, celui qui tombera dans mon lot. Mais l'autre appartient de droit à l'administration.

— Arrange-toi, mon bon Robert. J'ai donné ma parole, je ne sais que ça.

— Eh ! tu as eu tort, tonnerre ! Combien coûtent-ils, ces joujoux de femmes ?

— Sept mille francs la pièce, en France. Ici, dame, ça peut être le double.

— Eh bien, mon camarade, tu n'y vas pas de main morte. Quatorze mille francs à payer au fisc, et pour les beaux yeux d'une Anglaise ! Du coup, il me faudra tuer deux ou trois officiers du roi George pour m'approprier leurs bourses.

— Encore un mot, reprit Clavaillan ; as-tu jamais rencontré la corvette *Eagle* ?

— Jamais. Mais je sais qu'elle navigue par là et qu'elle a pour commandant un butor dur et insolent qui s'appelle, je crois, Blackford.

— C'est ça même. J'ai connu une de ses parentes à Madras, et j'ai promis de lui planter ces faveurs avec mon épée dans la poitrine. »

Et il montrait à Surcouf les rubans jaunes de l'Anglaise.

CHAPITRE VIII
EN CHASSE

L'équipage de Surcouf égalait en nombre celui d'un vaisseau de guerre. Il avait à son bord quatre cent vingt hommes, dont trois cents étaient recrutés tant parmi les marins de l'île que parmi ceux que le bruit de ses exploits avait attirés de France. Soixante autres étaient Irlandais, Italiens, Espagnols, Grecs. Le reste était composé de nègres et de mulâtres indiens. Tous ces hommes se distinguaient par une bravoure féroce qui en faisait les plus redoutables pillards qu'on eût pu réunir.

Clavaillan n'avait que quatre-vingt-douze hommes à son bord, dont soixante étaient canonniers. Les trente-deux autres, au nombre desquels figuraient Evel, Ustaritz et Guillaume Ternant, représentaient les matelots véritables, gabiers et mousses. Ce chiffre suffisait à la manœuvre de la *Sainte-Anne*. Le brick allait être un bon acolyte du vaisseau.

On mit à la voile dans la première quinzaine de janvier 1806.

D'abord, les deux navires prirent la route du nord-est, espérant y trouver des prises faciles pour se faire la main. Mais les premiers mois furent infructueux.

C'est qu'en ce moment, malgré la catastrophe de Trafalgar, la France et l'Empire étaient à l'apogée de leur gloire.

Tandis que l'Angleterre détruisait la flotte française sur les côtes d'Espagne, Napoléon, contraint à renoncer à ses projets de descente dans l'île, levait le camp de Boulogne, franchissait le Rhin et prenait le général autrichien Mack avec trente mille hommes dans Ulm.

Un mois et demi plus tard, il brisait la coalition par le coup de foudre d'Austerlitz, écrasant l'armée austro-russe et forçant l'empereur François à demander la paix.

Ces victoires éclatantes amenaient la paix de Presbourg, qui ne devait pas être de longue durée, à la vérité, mais qui suffisait, pourtant, à dompter l'Europe et à intimider pour un temps l'Angleterre. On prêtait, en outre, à la France l'intention de refaire ses flottes et de porter tous ses efforts sur l'Océan.

De telles menaces n'avaient point été sans jeter l'effroi parmi les armateurs de la Grande-Bretagne, et, bien qu'ils poussassent les constructions avec une activité fébrile, peu de leurs navires se hasardaient dans les mers du sud et de l'est. De là le peu d'occasions offertes à Surcouf et à ses compagnons. C'était pour ce même motif que la femme du colonel Stanhope, la cousine de lady Blackwood, n'avait point osé prendre la mer et avait différé son départ d'Angleterre.

Le corsaire fut mis au courant des nouvelles de l'Europe par un trois-mâts anglais qu'il parvint pourtant à capturer vers le milieu de mars.

Il était trop bon marin pour ignorer quelle route suivaient de préférence les grands voiliers. Maintenant qu'il possédait deux navires à sa disposition, il résolut d'agir en chef d'escadre et dressa un plan d'attaque auquel il associa Clavaillan, dont la *Sainte-Anne* remplissait le rôle d'éclaireur.

On descendit donc sous la ligne, et l'on se mit à croiser les îles et le cap de Bonne-Espérance, afin de surprendre les convois à cet angle toujours dangereux de la navigation. Surcouf tint la mer au large, le marquis eut mission de pousser des pointes aventureuses sur les côtes d'Afrique.

Or c'était là, précisément, que les navires anglais cherchaient et trouvaient des refuges, autant contre les périls de la mer que contre les surprises de la guerre.

Les golfes et les baies innombrables leur permettaient des relâches qui, sans doute, retardaient leur marche, mais, en même temps, les assuraient contre les attaques imminentes du large. Ils pouvaient ainsi gagner de proche en proche, atteindre les abords de Madagascar et, selon l'occasion, suivre la voie directe par la haute mer ou se jeter dans le canal de Mozambique.

Car, malgré les assurances de l'Amirauté anglaise, le commerce n'avait pas confiance. Il connaissait les terribles approches des îles françaises ; il savait que, pour Surcouf, il n'existait ni temps, ni espace, et que le formidable corsaire, prompt comme la foudre, apparaissait brusquement là où on l'attendait le moins.

C'était pour obvier à cette prudence des bateaux marchands anglais que Surcouf, d'accord avec Clavaillan, avait résolu de fouiller les côtes d'Afrique.

L'audace était grande. Que pouvait le brick avec ses douze canons contre une frégate ou même une simple corvette, s'il venait à la rencontrer ?

Mais le succès constant de ses entreprises avait précisément fait de l'audace une des méthodes de Surcouf. Il comptait en outre sur la vitesse prodigieuse de ses navires. Avec un bon vent, la *Sainte-Anne*, aussi bien que le *Revenant*, pouvait filer douze nœuds.

Clavaillan se lança donc hardiment à la recherche des voiliers anglais.

Ses prévisions étaient fondées.

En moins d'un mois, aux alentours de la baie Delagoa, il avait coulé six navires et en avait capturé quatre. C'étaient de petites prises, à vrai dire, mais dont le total représentait un million de piastres. Partout le jeune lieutenant de Surcouf avait fait bonne besogne, et c'était en triomphe qu'il était reçu chaque fois qu'il rentrait dans les ports français, traînant à sa remorque les navires pris à l'ennemi.

De son côté, Surcouf ne restait pas inactif. Il écumait la mer avec une foudroyante promptitude, et telle était la rapidité de manœuvres des deux corsaires que les Anglais épouvantés croyaient à la présence d'une flottille entière attachée à la destruction de leur commerce.

Dans l'Inde on se ressentait de ces retards, et les produits d'Europe étaient devenus d'une cherté fabuleuse. On ne buvait plus le vin, la bière ou le whisky qu'à petites gorgées, et les femmes des officiers de Sa Majesté britannique en étaient réduites à se vêtir comme les épouses des riches babous. Des imprécations continuelles jaillissaient de toutes les bouches, et c'était à qui trouverait une malédiction plus violente contre ce damné Surcouf et ses lieutenants maudits.

Ceci se passait dans le courant de l'année 1806, et l'orgueil d'Albion subissait des humiliations graves, tandis que le monde retentissait du bruit de la gloire de Napoléon. Iéna avait épouvanté l'Europe, et la coalition de la Prusse, de la Russie et de l'Angleterre allait encore subir les terribles coups d'Eylau et de Friedland.

Au mois de janvier 1807, Clavaillan captura un trois-mâts sur lequel, entre autres denrées, il trouva un chargement complet de vins et d'étoffes.

Mais ce qui l'édifia et l'instruisit mieux que toute dépêche confidentielle, ce fut la découverte, à bord du navire, d'un assortiment complet de journaux anglais annonçant qu'une escadre de six vaisseaux traversait l'Atlantique pour venir renforcer celle du commodore John Harris, afin de purger l'océan Indien des corsaires qui l'infestaient.

Une idée d'une audace extrême germa aussitôt dans l'esprit du marquis.

Il s'empressa donc de rallier son chef et lui exposa son projet.

Le trois-mâts qu'il venait de prendre, grand navire d'aspect débonnaire, d'allures nonchalantes, n'en était pas moins un excellent voilier appartenant à la maison Jameson and C°, de Londres. La riche cargaison dont il était porteur était accompagnée d'une liasse de traites payables à vue par la maison correspondante des commerçants londoniens. Le navire se nommait le *Good Hope* et était à destination de Bombay. En feuilletant les papiers recueillis, Clavaillan y avait trouvé une dépêche chiffrée formulant les instructions du capitaine : « Voyager, si possible, sous pavillon français, avec un équipage d'Espagnols, de Maltais et de Grecs, afin de donner le change aux corsaires. »

Le capitaine et son second étaient les seuls Anglais du bord.

Clavaillan profita de cette occasion pour accomplir une des ruses de guerre les plus périlleuses que jamais forban ait mises en œuvre.

Il vint trouver Surcouf et lui soumit le plan de sa tentative.

Surcouf l'écouta silencieusement, puis, souriant, lui dit :

« Jacques, ce que tu te proposes de faire est un trait de génie, mais c'est un coup très hasardeux. Je te sais capable de l'accomplir. Fais à ta guise. »

Or, cette conception qui semblait hasardeuse à Surcouf lui-même était la suivante :

Clavaillan allait quitter son bord, qu'il laisserait au commandement de son second, et, grâce à sa connaissance de la langue anglaise, ferait voile vers Bombay où, grimé, méconnaissable, il conduirait le *Good Hope*, y débarquerait la cargaison du navire, toucherait le montant des traites prises avec le bateau anglais, et reprendrait la mer sous pavillon britannique.

En ce moment, les deux corsaires croisaient à la hauteur des Seychelles.

Après une escale de quarante-huit heures destinée à réparer les avaries superficielles que le canon de la *Sainte-Anne* avait faites au bordé du *Good Hope*, ce dernier, laissant aux mains des corsaires le capitaine et le second anglais, mais conservant son équipage de Grecs, de Maltais et d'Espagnols, renforcé d'une demi-douzaine de nègres, auxquels Clavaillan avait donné pour chefs immédiats Evel et Ustaritz, reprit paisiblement sa course.

Il s'agissait de mener à bien le périlleux projet du jeune corsaire.

Naturellement, Guillaume Ternant, bien qu'il ne sût rien de ce projet, faisait partie du nouvel équipage. Élevé dans l'Inde, il parlait le tamoul, usité sur la côte Malabar, et l'anglais avec une perfection qu'aucun défaut d'accent ne déparait. Jacques avait vu en lui un précieux auxiliaire.

On fut heureusement servi par la mousson et l'on entra dans les eaux anglaises vers le milieu de février.

Le moment était venu de mettre en œuvre toute la ruse dont on était capable.

Jacques appela donc auprès de lui ses trois compagnons d'évasion. Il tint conseil avec eux et leur exposa ses intentions.

Au premier moment, ce fut une véritable stupeur. Ni Evel, ni Ustaritz n'eussent osé croire à une semblable audace de la part de leur chef.

Mais la stupeur fit bientôt place à l'admiration la plus vive.

« Voyons, dit Jacques, il ne faut pas perdre de temps. Disposons toutes choses en vue du rôle que nous allons jouer. Parles-tu anglais, Evel ?

— Hum ! fit le Breton, je le parle mal, mais je le parle.

— Tant pis ! Moi, je le parle bien, mais j'ai été prisonnier à Bombay. J'ai peur d'être reconnu. Il faudrait que tu pusses passer pour mon second.

— Pourquoi faire, commandant ?

— Je vais te le dire. Tu déclarerais que je suis malade, et qu'on ne sait pas bien de quoi. Je me charge de simuler une maladie éruptive.

— Ah ! Et pourquoi simulerez-vous cette maladie, commandant ?

— Parce qu'on nous mettra en quarantaine, et on enverra un médecin visiter le navire. Or, leurs médecins ne sont pas très forts. Celui qu'ils enverront croira tout ce que je lui dirai.

— Bon, mais, moi, je n'aurai l'air que d'un Anglais mauvais teint. »

La remarque était juste. Elle fit froncer les sourcils au jeune officier.

« C'est très ennuyeux. Je serai contraint de risquer le paquet moi-même. »

Clavaillan congédia ses compagnons afin de méditer seul sur la conduite à tenir.

Enfermé dans sa cabine, il se mit à feuilleter le rôle. Les indications qu'il fournissait sur le personnel étaient brèves.

Le capitaine Franck Hollis était né à Londres. C'était donc un pur Anglais.

Quant au second, John Llewyn, il était originaire du pays de Galles.

En prenant connaissance de ce détail, le marquis ne put retenir un cri de joie.

Il rappela tout aussitôt Guillaume et les deux matelots.

« Evel, dit-il, tu es né dans le Léon, si je ne me trompe.

— Oui, commandant.

— Et tu dois savoir parler le bas-breton, j'imagine ?

— Oh ! pour ça, oui, commandant. Je le parle mieux que le français.

— Eh bien ! mon garçon, nous sommes sauvés. Écoute bien ce que je vais te dire. »

Les trois auditeurs ouvraient des yeux pleins d'étonnement. Clavaillan poursuivit :

« Regarde cette feuille, dit-il en montrant le rôle. Le second du navire s'appelle John Llewyn. C'est un Gallois, comme qui dirait un frère jumeau des Bretons, et la langue des Gallois est cousine germaine du breton.

— Je ne comprends pas très bien, répliqua Evel dont les traits épanouis confirmaient surabondamment cette déclaration.

— Tu ne comprends pas, tête de fer ! C'est pourtant facile à comprendre. »

Et, insistant sur ses paroles, il en donna toute l'explication désirable.

« C'est toi qui vas devenir le second Llewyn, tandis que je serai, moi, le capitaine Frank Hollis. Le peu d'anglais que tu parles sera suffisant. Pour le surplus, tu leur baragouineras du breton, et Will t'accompagnera pour t'épargner des sottises et t'aider à te tirer d'affaire. »

Evel hocha la tête, mais finit pas acquiescer.

« Ah ! si le moussaillon m'accompagne, ça va. Je ne me serais jamais tiré d'embarras tout seul. Mais avec lui, c'est différent. Nous réussirons. »

Alors Clavaillan s'adressa au Basque et lui demanda :

« Et toi, Piarrille, parles-tu un peu l'anglais ?

— Si peu que rien, répondit Ustaritz. D'ailleurs, je n'ai pas l'accent.

— Très bien. Mais, au moins, en ta qualité de Pyrénéen, sais-tu quelques mots d'espagnol, de manière à te faire comprendre de ceux qui sont à notre bord ? Je ne t'en demande pas davantage.

— Oh ! pour ça, commandant, je vous en donne ma parole. Je parle l'espagnol aussi bien que le français, sans me vanter, je vous assure.

— Fichtre ! se récria le marquis, il vaudrait peut-être mieux que tu leur parlasses français tout simplement, en ce cas. »

Ustaritz ne comprit pas l'ironie, qui plissa d'un imperceptible sourire les lèvres de Guillaume Ternant.

Mais cette ironie ne fut pas justifiée, car, le jour même, en remontant sur le pont, Jacques put s'assurer que son matelot se faisait très bien comprendre.

D'ailleurs, ce même jour, Ustaritz lui donna une bonne nouvelle.

« Commandant, dit-il, je viens d'apprendre une chose qui m'a charmé. Les six matelots espagnols qui sont à bord professent une sainte haine de l'Anglais. Ce sont des cachottiers qui n'ont pris du service sur le *Good Hope* que pour pouvoir venger sur les Ingliches le désastre de leur flotte à Trafalgar.

Ils m'ont raconté qu'ils avaient formé le dessein de tuer leur capitaine et leur second, de s'emparer du navire et de venir se joindre à Surcouf. »

Cette révélation trouva le marquis sinon incrédule, tout au moins méfiant.

« Hum ! fit-il, je ne crois pas beaucoup à cette histoire de complot. Cependant, elle pourrait être vraie. Tiens-toi néanmoins sur tes gardes et donne-toi garde de leur révéler quoi que ce soit de nos projets.

— Soyez tranquille, commandant. On se mettra un boulet de trente-six sur la langue. »

Et, en fait, Pierre Ustaritz, jusque-là bavard comme une pie borgne, devint muet comme une carpe. Il ne souffla mot.

Le moment devenait critique et l'on était en vue de la côte de Coromandel.

Jacques, après avoir fait son point, constata que, le lendemain, vers trois heures de l'après-midi, on entrerait dans le port de Bombay.

C'était le lieu de prendre les dernières mesures de précaution.

En conséquence, Jacques prépara lui-même une mixture de plantes qu'il connaissait depuis longtemps et dont le suc très âpre avait la propriété de rougir l'épiderme à l'égal d'une carapace de langouste cuite et de le couvrir de phlyctènes du plus inquiétant aspect.

Il donna l'ordre à Evel de prendre le commandement effectif du bateau.

Le Breton avait pris son rôle à cœur. Il gouverna prudemment dans les dangereux parages du grand port indien, et signala pour demander un pilote. Puis, comme on l'interrogeait, il fit savoir qu'il y avait un malade à bord, ce qui lui valut sur-le-champ l'ordre de s'arrêter.

Une embarcation, montée par douze hommes et un officier et amenant un médecin, s'approcha à respectueuse distance du bateau contaminé.

Arrivé à portée suffisante, l'officier du canot commença la conversation avec le secours du porte-voix.

« Vous avez annoncé des malades à votre bord ? »

Ce fut Will qui souffla les réponses au trop simple Breton.

« Je n'ai pas dit des, j'ai dit un malade, répondit Evel.

— Et quel est ce malade ?

— Le capitaine Franck Hollis en personne.

— Ah ! Et de quoi est-il malade ? Depuis combien de temps ?

— Depuis trois jours environ. C'est, je crois, la fièvre scarlatine. »

Il est peu de maladies que les Anglais redoutent à l'égal de la fièvre scarlatine à laquelle leur tempérament les prédispose et qui exerce chez eux des effets beaucoup plus funestes que parmi les autres races du continent.

La barque s'arrêta donc à quelque distance et enjoignit au *Good Hope* de détacher son propre canot pour venir chercher le médecin.

Evel s'empressa d'obtempérer à l'ordre qu'on lui donnait.

Un canot fut descendu. Ce fut Ustaritz, escorté de quatre Espagnols, qui alla quérir le praticien anglais, auquel il remit les déclarations signées à Londres et qui firent foi aux yeux de l'officier de port.

Le médecin embarqua donc seul et vint à bord du trois-mâts.

Il descendit, non sans répugnance, dans la cabine du capitaine, qu'il trouva aussi rouge qu'une tomate, ce qui le dispensa de lui tâter le pouls.

Convaincu qu'il avait affaire à un véritable malade, il regagna le canot, et le navire suspect fut mis en quarantaine.

Restait la question du déchargement des marchandises.

Au bout de quarante-huit heures d'observation, Evel fut autorisé à se mettre en rapport avec les correspondants de la maison Jameson. Mais, pour effectuer la livraison, le service sanitaire décida qu'aucun membre de l'équipage du navire contaminé ne prendrait terre, et que les commerçants intéressés emploieraient des coolies indigènes au travail du déchargement des marchandises.

« Voilà qui tombe à merveille, s'écria Jacques de Clavaillan dès que la nouvelle lui eut été communiquée. De cette façon, les Ingliches nous épargnent eux-mêmes les difficultés du mensonge. »

L'événement répondit aux espérances du jeune corsaire.

Le quatrième jour après que le *Good Hope* avait mouillé devant le wharf, l'enlèvement des marchandises s'opérait, et les correspondants de la maison Jameson versaient aux mains du pseudo capitaine Hollis la somme de vingt mille livres sterling, soit d'un demi-million de francs.

« Il ne nous reste plus qu'à déguerpir au plus vite », conclut le marquis.

Le soir venu, il monta sur le pont, s'assura que les abords du mouillage étaient libres de toute surveillance et décida que l'on lèverait l'ancre au matin.

Or, vers minuit, il se produisit dans le port une certaine émotion.

Une escadrille composée d'une frégate et de deux corvettes avait été signalée vers midi, et voici que les feux des trois vaisseaux annonçaient leur entrée imminente dans le port.

La frégate s'appelait le *Kent*, et des deux corvettes, l'une était la *Eagle*, que commandait sir George Blackford, le cousin de l'aimable Anglaise qui avait remis à Jacques un flot de rubans destinés à le préserver de la corde.

« Ce n'est pas aujourd'hui que je causerai avec ce gentleman, pensa le marquis. Il y aurait trop de témoins à notre conversation. »

Mais de peur d'éveiller les soupçons par un trop brusque départ, il fit faire très secrètement les préparatifs et attendit que les vaisseaux de guerre eussent dépassé l'appontement du wharf.

On graissa donc les câbles, les chaînes, les poulies, et tout le monde se tint prêt pour l'appareillage. Au petit jour, on leva l'ancre, et le *Good Hope*, évoluant avec une lenteur calculée, glissa au milieu des bateaux et des barques qui l'entouraient.

Quand on fut à un demi-mille du port, le navire se couvrit de toile.

Le vent était assez faible et les dernières heures de la nuit ne donnèrent qu'une très petite avance au grand voilier.

Il s'agissait, en effet, de gagner de vitesse et de courir vers le sud, dans la prévision que les Anglais auraient découvert l'audacieuse supercherie.

Il pouvait se faire, en effet, que la flottille eût eu connaissance des évènements accomplis au voisinage des îles Seychelles et que ses chefs eussent deviné le stratagème auquel le lieutenant de Surcouf avait eu recours.

Et Clavaillan était d'autant plus pressé de mettre de l'espace entre lui et la côte indienne qu'il avait donné l'ordre à son second de le suivre à bonne distance avec la *Sainte-Marie*.

Si les deux navires parvenaient à opérer leur jonction, les chances pourraient se rétablir en faveur du corsaire. Serré de trop près, il coulerait le *Good Hope* et fuirait avec le brick.

La nuit s'acheva sans incident. Mais quand le soleil fut levé, la vigie du *Good Hope* signala trois voiles au nord-est.

Clavaillan s'arma de sa lunette et reconnut les vaisseaux.

Il n'y avait pas de doute possible : les Anglais lui donnaient la chasse.

CHAPITRE IX
APPRENTISSAGE

« Eh bien, petit Will, dit Evel à Guillaume, tu fais ton apprentissage dans de mauvaises conditions.

— Pourquoi mauvaises ? demanda l'enfant.

— Parce que, si nous ne sommes pas secourus d'ici ce soir, nous serons de nouveau appelés à visiter les côtes et les paysages de l'Inde, à moins qu'il ne plaise au commandant de nous faire sauter.

— Oh ! fit le petit garçon, voilà une perspective peu agréable.

— Comme tu dis, gamin. Ce n'est pas drôle de se faire sauter, mais ça vaut mieux tout de même que de se rendre. On garde, au moins, l'honneur. »

En ce moment Jacques de Clavaillan parut sur le pont.

Il gravit rapidement le gaillard, la lunette en main, et interrogea l'horizon.

Maintenant les trois vaisseaux anglais apparaissaient distinctement. Tout à fait en tête, précédant les deux autres d'un mille, au jugé, se détachait une fine corvette. Celle-ci gagnait de vitesse, et il était manifeste qu'elle atteindrait le trois-mâts à la fin de la journée.

Les ordres de Jacques furent brefs et décisifs.

Le *Good Hope* se couvrit de toute la toile possible. Perroquets et cacatois furent arborés, et le navire pliant sous la voilure, donnant de la bande, parvint à compenser l'allure des poursuivants.

A six heures du soir, la corvette *Eagle* n'avait pas gagné sur lui. Le *Good Hope* maintenait ses distances sans trop de peine.

Il les maintint encore pendant toute la nuit qui suivit.

A l'aube, les vaisseaux anglais étaient toujours en vue, au nord.

Mais une voile nouvelle venait de surgir au sud-ouest.

« Encore un Anglais ! » s'écria Ustaritz avec un rugissement de colère.

Jacques de Clavaillan, pâle, mais résolu, appela ses fidèles acolytes.

« Garçons, leur dit-il, nous n'avons plus guère que le choix entre les divers genres de mort, car j'imagine que vous n'avez pas l'intention de vous rendre.

— Ah ! non, pour le sûr et le certain ! s'exclama Evel, serrant les poings.

— Voici donc ce que je vous propose. Il y a deux cents livres de poudre à bord. Evel va en porter deux barils dans ma chambre et je placerai Will auprès du reste. Il aura l'ordre de mettre le feu à la mèche.

— Bien ! répondit le Basque, et c'est vous qui donnerez l'ordre ?

— C'est moi. Quand je jugerai le moment venu, c'est-à-dire quand il n'y aura plus moyen de fuir, je feindrai de me rendre et je laisserai porter sur le plus proche des vaisseaux. Nous nous collerons à son flanc, et nous l'emporterons avec nous dans l'autre monde.

— Bravo, commandant ! fit Evel. C'est agir en Français, ça. Et que le bon Dieu nous pardonne si nous nous présentons devant lui sans qu'il nous ait appelés. Mais il ne nous a pas laissé le choix. »

Ustaritz présenta toutefois une objection sérieuse et naturelle.

« Ne craignez-vous pas de confier à cet enfant une mission trop au-dessus de ses forces et de son caractère ? Ne va-t-il pas trembler et se refuser à la mort ? Il est triste d'entraîner ce pauvre petit dans la mort. »

Les yeux du jeune corsaire se mouillèrent. Il les essuya vivement.

« Tu as raison, garçon. Mais pouvons-nous faire autrement ? S'il m'était possible de l'éloigner, je le ferais de grand cœur. Mais le livrer aux Anglais, le condamner à la vie du bagne, aux pontons, à toutes les tortures de la captivité, ce serait plus cruel encore. D'ailleurs, au poste où je le place, il sera le premier mort. Il ne souffrira pas. »

Il brusqua l'entretien sur ces paroles, et chargea les deux matelots de veiller à l'exécution de ses ordres en tenant à l'œil les Espagnols prêts à toutes les défections.

« Envoyez-moi l'enfant », commanda-t-il en les congédiant.

Cinq minutes plus tard, Guillaume entrait dans la cabine du commandant. Jacques de Clavaillan l'appela et le fit asseoir devant lui.

« Will, commença-t-il d'une voix grave, tu as voulu être marin ?

— Oui, répondit l'enfant, je l'ai voulu et je le veux encore.

— As-tu bien considéré les dangers et les obligations de cette carrière ?

— Oui, dit encore le petit garçon. Je savais tout ce qui m'attendait.

— Pas plus en tête à tête que devant ta mère et ta sœur, je ne t'ai dissimulé les périls de la voie où tu voulais t'engager.

« Il y a quelques mois encore, à Bourbon, je t'ai offert de te laisser achever tes études pour entrer dans la marine de l'État. As-tu quelque reproche à m'adresser ?

— Non, commandant, je n'ai qu'à vous remercier de votre affection. »

Alors Clavaillan ne fut plus maître de son émotion.

« Ne m'appelle pas commandant en ce moment, parle-moi comme autrefois, à Ootacamund, car ce que je veux te dire encore est grave. »

Will répondit affectueusement à cette parole amicale qui l'invitait.

« J'ai à vous dire, bon ami, que j'ai le cœur plein de reconnaissance envers vous. »

De nouveau les larmes montèrent aux yeux du jeune corsaire.

« Écoute, Will. Quel est, selon toi, le devoir du commandant d'un navire qui se voit au moment de tomber entre les mains de l'ennemi ?

— Il doit résister de toutes ses forces, jusqu'à la mort, dit hardiment Guillaume.

— Tu as bien dit : jusqu'à la mort, n'est-ce pas ?

— Oui, jusqu'à la mort. C'est là son devoir. Vous-même me l'avez enseigné. »

Clavaillan se leva et, entraînant l'enfant sur le promenoir qui ceinturait en balcon l'étambot du *Good Hope*, il lui montra l'horizon du nord.

« Combien vois-tu de voiles là-bas ? interrogea-t-il.

— Trois. Ce sont les trois vaisseaux anglais devant lesquels nous courons.

— Bravo ! tu n'as pas voulu dire « nous fuyons ». Tu as bien fait. »

Il l'amena à l'autre extrémité du balcon et, lui désignant le sud-ouest :

« Et là-bas, qu'aperçois-tu encore ?

— Une autre voile qui semble se diriger vers nous.

— Oui, elle vient sur nous. Un autre anglais sans doute qui veut nous couper la retraite ?

— Ah ! » prononça l'enfant d'une voix grave, très recueilli.

Il se fit un moment de silence entre les deux interlocuteurs.

« Comprends-tu maintenant le sens de mes paroles ? demanda le marquis.

— Je comprends que, si nous évitons ceux du nord, nous tombons sur celui du midi.

— Oui, poursuivit Jacques, et, comme nous n'avons pas un canon pour nous défendre, force nous est de nous rendre.

— Ou de mourir », prononça solennellement le petit garçon.

Il y eut un nouveau silence, au bout duquel Jacques reprit :

« Es-tu prêt à mourir, Guillaume ? »

Le mousse pâlit, ce qui ne l'empêcha point de répondre : « Bon ami, pourquoi vivrais-je, si vous mouriez ? »

Et il ajouta, avec une naïveté qui remua le cœur du marquis :

« Souffre-t-on beaucoup pour mourir ?

— Will, répliqua Clavaillan, c'est là une question à laquelle nul vivant ne pourrait répondre. Mais, puisque tu la poses si ingénument, je te dirai que je ne le crois pas.

— Alors, raison de plus pour que la mort ne m'effraie pas. »

Clavaillan le considéra en silence, sans chercher à retenir les larmes qui lui venaient aux yeux et qui coulaient sur ses joues.

« Will, murmura-t-il, je puis te procurer une mort qui ne te fera pas souffrir, la mort la plus rapide qu'un homme puisse souhaiter. »

Il se tut. L'enfant fixait sur lui de grands yeux où se lisait une énergie virile et une résolution inébranlable.

« Je crois vous comprendre, commandant. Vous voulez faire sauter le bateau anglais qui nous porte.

— Tu l'as dit. Je ferai sauter le *Good Hope* avec celui des vaisseaux anglais que j'aborderai. Ça te va-t-il ?

— Oui, répéta Guillaume avec la même fermeté. Et je devine même que c'est à moi que vous voulez confier le soin de mettre le feu à la poudre qui fera sauter le *Good Hope*.

— Allons, conclut Clavaillan, tu es un vaillant garçon. Tu as le cœur bien placé. Ceux qui parleront de toi à ta mère et à ta sœur leur diront : « Guillaume était un héros ! »

Et, guidant l'enfant, il descendit avec lui dans la cale.

Là, il l'introduisit dans la soute aux poudres.

Déjà Evel et Ustaritz s'y occupaient à enlever les barils réclamés par Jacques.

Celui-ci montra à l'enfant l'un des barils et lui recommanda de s'y asseoir.

Il lui mit aux mains une lanterne allumée.

« Quand je t'en donnerai l'ordre par le porte-voix, tu approcheras la lumière de la mèche, et tout sera dit. Tu ne souffriras pas. »

Puis, plaçant la lampe à deux ou trois pas de la zone dangereuse, le marquis et les deux matelots remontèrent sur le pont.

Guillaume demeura seul dans sa retraite sombre.

Alors, quand il n'y eut plus personne pour le voir, le courage du petit fut mis à une terrible épreuve.

Il était seul dans ce trou noir qu'éclairait sinistrement la flamme d'une lampe fumeuse encore assombrie par le verre épais et la garniture de mailles de fer dont elle était entourée.

Autour de lui, les ténèbres, tapissées de toiles d'araignées, se peuplaient de fantômes menaçants. Des formes de cauchemar y grimaçaient dans l'ombre, ajoutant les épouvantes de l'imagination à l'horreur de la situation. Il vivait par avance son agonie.

Un bruit continu, ou plutôt un susurrement sans trêve emplissait ce silence de tombe. C'était le glissement insensible de l'eau sur les flancs du navire, et ce frôlement du linceul humide dominait tout, enveloppait Guillaume, passant au-dessus de sa tête.

De temps à autre, un craquement sec éclatait dans le bois ; de petites rumeurs paraissaient sourdre des coins les plus noirs. Quelque rat s'échappait d'un angle, apparaissait dans la plaque claire que projetait la lanterne sur l'étroit plancher, et, surpris de cette lumière, s'enfuyait pour revenir, l'instant d'après.

Ou bien, un frémissement d'élytres, accompagné d'une odeur nauséabonde, révélait à Will le voisinage d'un cancrelat sortant des fentes et des joints de la carcasse. Alors, des nausées lui venaient, et la défaillance physique s'ajoutait aux tortures morales.

Et, vraiment, ces tortures étaient excessives pour un enfant de douze ans. La force et la constance d'un homme y auraient succombé. Will fut pourtant héroïque.

Une heure, puis deux, puis trois s'écoulèrent.

Aucun ordre ne vint d'en haut lui enjoignant de tuer ou de mourir.

Las, nerveux, à bout de résistance aux suggestions de l'angoisse et de la terreur, il en était venu à souhaiter que cet ordre vînt au plus tôt.

Les enfants ignorent la mort. De là naît peut-être leur plus grand courage contre elle.

Will n'avait jamais vu mourir. Il ne savait donc pas comment était faite cette chose inconnue : la mort.

Son œil n'avait jamais contemplé une forme rigide drapée dans un suaire, une face livide aux narines pincées, aux orbites caves, aux lèvres décolorées et sans souffle. Son oreille n'avait point entendu ce souffle haletant et crépitant qu'on appelle le râle de l'agonie. Il n'avait pas vu ce dernier regard, ce renversement effroyable des paupières qui est la suprême convulsion du corps vaincu, après lequel le grand repos s'étend sur la dépouille.

Il ne pouvait donc comprendre ce qu'il y a de hideux dans le trépas, et ce que cette hideur annonce peut-être de terreur et de souffrance.

Les images qui hantaient son esprit étaient toutes matérielles.

Il avait peur de la nuit, du silence, des rats, des bêtes, de l'ombre, de l'eau qui susurrait et clapotait le long des flancs du navire.

Et, peu à peu, à mesure que grandissait la fatigue nerveuse, une sorte de décourageaient gagnait l'enfant et il se sentait envahi par une torpeur paralysante.

Maintenant d'autres images surgissaient, images douces et chères, qui auraient dû être consolantes et qui n'étaient que des causes nouvelles de chagrin et d'amertume.

Il revoyait sa mère et sa sœur. Depuis plus d'un an qu'il les avait quittées, jamais leur souvenir ne s'était présenté à lui aussi intense, aussi poignant, affolant son esprit, lacérant son cœur.

Mme Ternant, Anne ! Il les revoyait dans leur petite maison de la montagne, assises dans leur chambre ou sous la véranda qui donnait sur la forêt. Il croyait entendre le bruit de leurs voix, leur douce conversation. Elles parlaient du cher absent, de lui, de lui, Will, qui allait mourir.

Ou bien, c'était dans la grande salle où Patrick O'Donovan réunissait toute sa famille, sa femme et ses six garçons, où Will, sa mère et sa sœur s'étaient si souvent assis à la table du repas. Il voyait le bon Irlandais prononçant de bonnes paroles jaillies du cœur, s'efforçant de consoler les deux pauvres femmes, annonçant le retour prochain du petit exilé.

Et Will, malgré la distance, dans un rêve amer et triste en même temps, voyait pleurer sa mère, étouffant ses sanglots dans son mouchoir, et Anne se penchant sur elle, pendue à son épaule, sanglotant aussi, tout en essayant de calmer la douleur maternelle. Oh ! ce tableau-là était plus cruel que tous les autres !

Ou plutôt il était le seul cruel. Les autres, toutes ces visions de terreur, Guillaume les repoussait encore de toute l'énergie de sa volonté.

Il avait sa conscience pour lui affirmer que la mort n'est qu'un passage douloureux et qu'il est au pouvoir de l'homme de faire ce passage glorieux ; que la honte et le déshonneur sont la pire flétrissure que la dignité humaine puisse subir. Et ce témoignage de sa conscience, les leçons de sa mère, celles de son père, mort prisonnier des Anglais, l'avaient depuis longtemps corroboré.

Mais la douleur de la séparation, les adieux, la ruine des plus douces espérances, il ne pouvait les supporter. Ne plus revoir, en ce monde du moins, celles qu'il chérissait de toute son âme, oh ! cela, il ne pouvait l'accepter, il en repoussait l'affreuse hypothèse.

Et il pleurait, le pauvre enfant, et la nuit se faisait plus noire au fond de son cœur meurtri comme sur ses yeux voilés de larmes.

Maintenant, la lueur seule de la lanterne l'éclairait. L'espèce de clarté vague que laissaient filtrer les joints des planches s'était éteinte. Le jour extérieur avait pris fin.

Combien y avait-il d'heures que Guillaume était là, enfermé dans son sépulcre flottant ? Il n'aurait su le dire.

Tout à coup, la trappe qui livrait passage sur l'échelle de la cave s'ouvrit.

Quelqu'un se pencha dans l'ouverture du panneau et appela :

« Es-tu là ? »

Guillaume avait reconnu la voix. Il répondit :

« Je suis là, bon ami. Est-ce que c'est le moment ? »

Et frémissant, il prit la lanterne et s'apprêta à démasquer la mèche.

« Garde-toi bien d'ouvrir, cria la voix inquiète du commandant. Je vais te faire glisser l'échelle. Tu remonteras. »

Quelques secondes plus tard, Will était aux côtés de Clavaillan.

« Est-ce que je ne vais pas redescendre ? questionna l'enfant.

— Non, tu ne redescendras plus. Mon plan est changé. Il n'est plus question de mourir. Viens, et tu sauras ce qu'il te reste à faire. »

Guillaume suivit le marquis dans sa cabine. Là, d'un geste rapide, celui-ci lui montra à l'horizon du sud-ouest le navire entrevu le matin, mais, à cette heure, considérablement rapproché.

« Voici ce que nous allons faire, » dit le jeune commandant.

Et, comme Guillaume, attentif, ouvrait les oreilles toutes grandes :

« Nous allons mettre un canot à la mer. Tu embarqueras seul. Au lieu de fuir l'Anglais, tu iras à sa rencontre. On te prendra peut-être, mais il vaudrait mieux qu'on ne te prît pas. »

L'enfant était plongé dans une surprise profonde. Il ne comprenait plus rien du tout. A quoi pouvait servir cette fuite ?

Sa stupeur était d'autant plus profonde que c'était ce même Jacques de Clavaillan qui lui avait dit quelques heures plus tôt qu'il valait mieux mourir que de se rendre.

Et maintenant il envisageait de sang-froid l'hypothèse d'une capture. Est-ce que ses pensées avaient changé de cours ?

« Oui, reprit le corsaire, il vaudrait mieux qu'on ne te prît pas. »

Il se répétait, et cette répétition même achevait de dérouter l'esprit de Guillaume Ternant. Où Jacques voulait-il en venir ?

Le pauvre enfant ne pouvait deviner que les quelques heures écoulées depuis le moment où Jacques l'avait placé à la soute aux poudres, avec ordre d'y mettre le feu au premier signal qui lui serait donné, avaient modifié complètement le jugement de son chef.

Le marquis, en effet, avait éprouvé quelque chose qui ressemblait à un remords.

Il s'était dit que la mort d'un enfant était inutile à la conservation de l'honneur du pavillon français.

Et ce remords l'avait obsédé ; il n'avait pas voulu mourir avec ce doute affreux dans l'esprit.

Déjà ce remords lui reprochait de recourir au suicide, et il n'avait apaisé les scrupules de sa conscience qu'en se disant qu'il mourrait pour la patrie.

Il s'était donc résolu à sauver Guillaume autant qu'il lui était possible d'assurer le salut de l'enfant. Et il était venu l'arracher au poste périlleux qu'il lui avait assigné.

Dans une âme plus fruste, moins accessible aux délicatesses de la conscience, la question d'humanité se fût peut-être posée tout autrement. Un homme plus rude se fût peut-être dit qu'il y avait plus de cruauté encore à abandonner le mousse aux dangers de l'océan, aux menaces de la mort par la soif et la faim, qu'à l'entraîner dans la glorieuse destruction du navire.

Mais Jacques de Clavaillan était trop bon et trop jeune pour concevoir et surtout pour exécuter d'aussi farouches résolutions.

Contre les périls de la mer n'avait-il pas une réponse toute trouvée ?

Ne se rappelait-il pas la fuite de Madras sur le canot de plaisance de lady Blackwood, sa course à travers l'océan Indien sous le fouet de la tourmente, dans l'agonie de la soif et de l'abandon ?

Et, cependant, la Providence avait pris soin des fugitifs. Elle les avait sauvés au moment où ils se voyaient sur le point de périr.

Est-ce que cette même Providence ne veillerait pas sur l'enfant ?

« Ne tente pas Dieu ! » lui criait la voix de sa conscience, corroborée par les incitations de la foi en Dieu.

Mais une autre voix répondait victorieusement à celle-ci :

« Nul n'a le droit de supprimer la vie d'une créature raisonnable tant qu'il reste un espoir de conserver cette vie. »

Imposer à Will l'ordre de faire sauter le *Good Hope*, c'était le condamner à la mort immédiate, sans sursis possible.

L'abandonner seul sur cette mer inconnue, c'était lui laisser une chance d'échapper à la condamnation sans appel.

Une fois cette résolution prise, Jacques ne voulut pas même s'accorder le délai de la réflexion, de crainte que sa volonté ne fléchît.

Il alla donc chercher l'enfant dans la cale et lui signifia son désir. Les mesures étaient prises, d'ailleurs, pour que l'ordre s'exécutât sans délai. Le canot se balançait déjà au bout des palans.

Will s'y suspendit après avoir embrassé successivement Jacques, Evel et Ustaritz, qui se détournaient pour cacher leurs larmes.

Quand il fut à flot, il saisit les avirons.

« Au moins, comme ça, fit le Breton en s'essuyant les yeux, nous ne le verrons pas mourir. C'est une consolation.

— C'est lui, au contraire, le pitchoun, qui nous verra mourir », prononça le Basque, en regardant le bateau qui se balançait dans le sillage du trois-mâts.

Et tandis que, penchés sur le bastingage, ils adressaient des signes de la main au mousse déjà distancé, un cri de celui-ci leur parvint. Ils virent Guillaume debout, leur désignant le navire inconnu qui venait du sud-ouest.

Le vaisseau anglais louvoyait à bâbord du *Good Hope* et c'était le pavillon tricolore qui battait à sa corne.

CHAPITRE X
AU LOIN

Tandis que Will rêvait les yeux ouverts et pleurait dans la cale du *Good Hope*, à la pensée de sa mère et de sa sœur, à la même heure, Mme Ternant, saisie, elle aussi, par un de ces pressentiments inexplicables, sentait une mortelle angoisse étreindre son cœur.

Depuis plus d'un an qu'elle était sans nouvelles de son fils, jamais encore elle n'avait éprouvé une semblable émotion.

Bien sûr, son petit Will devait courir un danger pour qu'elle fût ainsi avertie. Et la pauvre femme, oppressée, quitta le banc rustique installé sous un grand palmier pour rentrer dans sa chambre et prier.

Comme elle gravissait les quelques marches du perron, une voix fraîche vint frapper ses oreilles.

« Merci, Fred, vous pouvez retourner, je n'ai plus du tout envie de jouer aujourd'hui.

— Pourquoi donc, Anne ?

— Je ne sais pas, je suis triste, je vais trouver maman. »

La voix qui venait de parler eut un tremblement.

« Viendrez-vous demain, Anne ? » demanda un organe plus viril à l'accent étranger.

Il y eut une hésitation.

« Oui, je pense…, si je me sens plus en train que ce soir.

— Alors, adieu, Anne.

— Adieu, Fred ; merci de vous être dérangé ; dites à tout le monde que je regrette d'avoir interrompu la partie. »

Il y eut sans doute échange de poignées de main, puis le sable cria un peu sous des pas rapides, et la fillette parut devant la maison.

Anne était à l'âge charmant où, sans être jeune fille tout à fait, on n'est plus enfant.

Elle était grande, mince, mais à voir la largeur de ses épaules, la souplesse ondulante de sa taille, on pouvait présumer que deux ou trois ans à peine suffiraient pour épanouir merveilleusement ce buste d'adolescente.

Elle était toute vêtue de blanc, suivant la mode de ces contrées torrides, et son teint ressortait très mat, un peu doré, sous cette virginale parure.

Malgré la chaleur, ses cheveux noirs lustrés et tout bouclés flottaient sur ses épaules et entouraient son visage à l'ovale très pur, d'une multitude de frisons soyeux.

Dès qu'elle aperçut sa mère, en quelques bonds elle l'eut rejointe, et, câline, elle passa tendrement son bras sous le bras maternel.

« Vous rentriez, maman ? interrogea-t-elle.

— Oui, mon enfant, répondit la voix calme de Mme Ternant, j'éprouvais le besoin d'aller prier pour ton frère. »

Anne la regarda avec attention, et, remarquant l'altération de ses traits :

« Mère, qu'y a-t-il ? Une mauvaise nouvelle ?

— Non. Je n'ai reçu aucune nouvelle. Seulement, le souvenir de ton frère m'a pénétré brusquement d'inquiétude et j'ai pensé que c'était un avertissement du ciel. »

Afin de ne pas augmenter les craintes de sa mère, Anne ne lui dit pas qu'elle aussi avait éprouvé un pareil sentiment.

Grave, presque recueillie, elle suivit Mme Ternant, et tandis que celle-ci s'agenouillait sur un prie-Dieu en paille au pied du lit, elle se prosternait sur la natte du plancher, enfouissant sa tête brune sur le bord de la couchette.

Pendant un long moment, elles demeurèrent ainsi absorbées dans leurs oraisons.

Puis, Anne la première se releva et machinalement, sa pensée bien loin, bien loin, saisit la corde de pancas qu'elle se mit à agiter doucement.

Un souffle d'air vint rafraîchir l'atmosphère et Mme Ternant se releva. Son visage était inondé de larmes. A cette vue, la fillette bouleversée s'élança vers elle et, lui entourant le cou de ses bras caressants, se prit à l'embrasser avec passion.

Tantôt c'était son visage si pâle aux traits exquisément délicats, ses yeux bleus noyés, son cou si blanc, tantôt ses cheveux fins et bouclés comme ceux de sa fille, mais d'une teinte plus claire, que les lèvres d'Anne effleuraient doucement.

Et, à les voir ainsi, Anne plus grande que sa mère, on sentait une sorte de protection farouche que l'enfant semblait exercer sur celle-ci.

Mme Ternant, en effet, était mince, presque immatérielle. Ses yeux clairs avaient un regard si doux qu'ils ne paraissaient pas être de la terre et, dans toute sa physionomie, se lisait, depuis la mort de son mari surtout, une telle douleur résignée qu'on ne pouvait la regarder sans se sentir ému.

Anne, au contraire, était exubérante de vie et d'énergie. Ses prunelles sombres brillaient d'un feu intense. Elle avait l'âme fortement trempée des femmes de Bretagne et de Vendée, et eût été capable des plus héroïques résolutions.

A côté de cet aspect un peu viril de son caractère, elle possédait des délicatesses de cœur, une sensibilité bien féminine, une ardeur de dévouement et de tendresse infinie.

Maintenant Mme Ternant s'était assise sur un fauteuil en rotin, et la jeune fille avait glissé, petit à petit, à ses pieds.

Elle avait emprisonné dans les siennes les mains de sa mère, des mains longues et étroites sur lesquelles les veines faisaient des saillies bleues, et de temps en temps elle les portait à ses lèvres.

« Mère, petite mère, pourquoi pleurez-vous ? demandait-elle en retenant à grand'peine ses propres larmes.

— Mon petit Will, mon fils, mon enfant chéri, sanglotait la pauvre femme, tout à fait terrassée par la douleur. Pourquoi l'ai-je laissé partir ? Il était trop jeune encore, j'aurais dû le garder dans mes bras. Ce n'était qu'un petit garçon, un tout petit garçon…

— Non, maman, ce n'était pas un tout petit garçon… Vous savez bien que Will est courageux comme un homme. Vous n'auriez pu le retenir. Et puisqu'il est fort et résolu, il a bien fait, mère. Vous ne devez rien regretter.

— Tu es sa sœur, toi ; moi, je suis sa mère », gémit Mme Ternant.

Cette fois, les larmes débordèrent des yeux de la fillette.

« Oh ! mère, pensez-vous donc que je ne l'aime pas autant que vous ?

— Si, mon enfant chérie, je sais combien tu aimes ton frère, et tu n'as pas compris ma pensée. Tu es plus jeune, plus courageuse, et puis enfin, c'est ton frère, et autant que tu aies d'amour pour lui, cet amour n'est pas comparable à celui d'une mère. Tu sentiras cela plus tard, si Dieu t'envoie des enfants. Enfin ton frère est de ton âge, et il te semble qu'il est grand et fort parce que tu te sens toi-même grande et forte. Pour moi, vous êtes encore deux petits enfants, et de même que je t'ai là tout près de moi, ma fille chérie, je voudrais tant l'avoir aussi dans mes bras, mon cher petit Will ! »

Et sans qu'elle eût pu les retenir, ses larmes coulèrent de nouveau, plus pressées, plus abondantes, mêlées elles-mêmes aux pleurs de la fillette qui s'était redressée et sanglotait, la tête appuyée sur l'épaule de sa mère.

Ainsi enlacées, confondant leur douleur, Anne et sa mère formaient bien le tableau qui était apparu aux yeux du pauvre Guillaume et avait déchiré son cœur, tandis qu'enfermé dans la soute aux poudres, il attendait l'ordre de mort de Clavaillan.

Combien de temps demeurèrent-elles ainsi, pleurant et priant ? Elles-mêmes n'auraient pu le dire. La nuit était venue, une de ces nuits étoilées et sereines qui apportent avec elles la paix pour l'âme en même temps que le repos pour le corps.

Et soudain, par la large baie de la fenêtre ouverte, un merveilleux rayon de lune glissa, inondant la chambre d'une clarté douce comme un sourire.

Il faut quelquefois si peu de chose, un tout petit incident pour modifier nos impressions. Ce rayon de lune fut le petit incident qui vint faire diversion au chagrin des deux femmes.

Mme Ternant essuya ses yeux et, embrassant la jeune fille :

« Viens, Anne, dit-elle, il nous faut descendre ; je me sens maintenant plus confiante, et mon cœur me dit qu'avec cette étrange oppression à laquelle je n'ai pu résister s'est dissipé le danger qui menaçait ton frère. »

La jeune fille, grâce à cette mobilité d'impression qui est le précieux apanage de la jeunesse, s'était déjà relevée souriante et rassérénée.

« Moi aussi, chère maman, dit-elle, je suis tout à fait rassurée. Bien sûr, Will est maintenant en sûreté. »

Et, ne voulant pas quitter sa mère, elle s'approcha de la table-toilette pour bassiner ses yeux rougis, laver ses mains et brosser ses cheveux rebelles, tandis que Mme Ternant prenait, elle aussi, les mêmes soins.

Puis, ensemble, elles descendirent au sous-sol, car la maison, comme presque toutes celles de l'Inde, n'avait qu'un seul étage, ou plutôt un vaste rez-de-chaussée assez élevé.

Ce rez-de-chaussée comprenait quatre chambres à coucher, deux salons et une salle à manger, mais dont on ne se servait que très rarement, Mme Ternant et sa fille préférant prendre leur repas en bas où il faisait plus frais.

Le sous-sol se composait donc d'une vaste cuisine et d'un office où l'on serrait les provisions, de deux autres petites pièces à l'usage des domestiques, puis, séparées de cette partie par un corridor, d'une salle à manger d'été et d'une grande salle pouvant servir de fumoir, de billard ou de salle de réception pour la journée.

La maison était de construction légère, mais d'un aspect riant et confortable. Autour du rez-de-chaussée et surplombant le sous-sol courait une galerie couverte, sorte de large balcon où, suivant l'orientation du soleil, on venait s'installer pour lire ou travailler.

En pénétrant dans la salle à manger, elles trouvèrent la table mise avec ce soin particulier qui est presque du luxe.

La table était recouverte d'une nappe d'une éclatante blancheur et sur laquelle, çà et là, se détachaient en relief des fleurs de broderie d'un travail merveilleux.

La vaisselle et les couverts brillaient d'une propreté méticuleuse, et à chaque bout de table surgissaient, au milieu de plantes vertes, deux candélabres d'argent ciselé illuminant la salle.

Debout, près de la porte, un grand noir attendait respectueusement l'arrivée de ces dames et, quand la mère et la fille furent assises en face l'une de l'autre, il se multiplia auprès d'elles avec cette habileté, cette promptitude, en un mot, cette science du service que ces gens possèdent à un degré si parfait.

Comme tous les soirs, elles prirent d'abord un potage et ce bouillon n'aurait certes pas été renié par le meilleur de nos cordons-bleus ou de nos cuisiniers européens.

Anne adorait le pot-au-feu ou plutôt le bouillon du pot-au-feu, et elle le savourait avec d'autant plus de plaisir, qu'à l'encontre des petits Français, elle n'avait pas à avaler, après la soupe, le vilain morceau de bœuf bouilli qui fait faire tant de grimaces.

Là-bas, en effet, la viande n'est pas chère et chaque jour, le morceau de bœuf bouilli était mêlé à la pâtée des chiens.

Ce fut ensuite le tour du currie, le mets indien entre tous que l'on sert à chaque repas et que les cuisiniers ont l'art de préparer de cent manières différentes.

Le currie se compose d'une sauce principale contenant de la viande, du poisson, des œufs, voire même des légumes assaisonnés avec une poudre piquante et fort aromatisée. Avec cette sauce, on mêle dans son assiette du riz cuit à l'eau et bien sec, du barta, sorte de purée de pommes de terre dans laquelle entrent des piments, des oignons, de l'huile et du vinaigre, et la multitude d'autres plats dus à l'ingéniosité du cuisinier.

Ce plat, qui nous paraît un peu barbare, à cause de l'étrangeté de ces condiments, est très recherché dans l'Inde pour ses qualités particulièrement rafraîchissantes.

Après le currie défilèrent plusieurs autres mets auxquels la mère et la fille encore sous le coup de leur émotion ne firent que peu d'honneur.

Toutes deux avaient hâte de se retrouver seules, l'une pour reprendre ses prières, l'autre pour continuer un rêve que son esprit caressait depuis quelque temps avec une certaine complaisance.

Au moment de se quitter Mme Ternant et sa fille s'étreignirent longuement.

« Bonne nuit, petite mère. Dormez bien.

— Merci, ma chérie. Pour toi aussi, bonne nuit et que Dieu protège ton sommeil. »

Encore un baiser et l'on se sépare. Mais déjà Aime est revenue.

« Petite mère, dites-moi, vous n'avez plus d'inquiétude ? »

Mme Ternant sourit à ce regard interrogateur.

« Non, ma chérie, va, dors tranquille. »

Anne se décide enfin, rassurée, et tandis que Mme Ternant disparaît dans la chambre éclairée par la lune, la jeune fille entre chez elle, où la plus absolue obscurité règne.

Elle passe indifférente devant la couchette préparée pour la recevoir et va s'accouder à la barre d'appui, émue par la splendeur du spectacle qu'elle a sous les yeux.

La lune qui illumine l'autre façade de la maison laisse celle-ci dans l'ombre, pour projeter ses clartés blafardes sur la chaîne des monts Nielgherries, qui profilent au loin la ligne accidentée de leurs cimes.

Entre chaque pic, il y a comme un abîme de ténèbres et là, à leurs pieds, pas bien loin de la propriété, Anne peut distinguer la masse sombre de la forêt. La nuit est si calme, la maison si silencieuse que la jeune fille peut entendre le bruissement monotone et cristallin du ruisseau qui coule plus bas dans la vallée.

Oh ! ce grand silence à peine interrompu par le feulement d'un fauve, par le frémissement du feuillage, par le murmure de l'eau, ce grand silence de la nature assoupie dans le mystère des nuits orientales, que d'intense poésie il vient verser dans l'âme de celui qui l'écoute !

Car Anne écoutait le silence et sentait une émotion grandissante faire vibrer son âme et pleurer ses yeux. Elle ne pouvait s'expliquer ce qui la troublait ainsi et jouissait délicieusement de cette extase, la plus pure de toutes, puisqu'elle est dénuée de tout sentiment personnel et semble dédoubler l'homme, afin de rapprocher son âme, éblouie par le beau, du Créateur.

Mais, bien que la jeune fille fût admirablement douée pour goûter ce charme incomparable, elle était trop jeune pour n'y chercher qu'une unique jouissance intellectuelle ; il fallait mettre un nom, une image terrestre à ce bonheur tout immatériel.

Spontanément surgit dans son esprit la silhouette énergique et fine de Jacques de Clavaillan et l'image fut si nette, qu'un peu honteuse Anne murmura :

« Non, ce n'est pas à lui que je dois penser, c'est à Will... Lui n'est qu'un étranger, Guillaume est mon frère. »

Mais elle eut beau faire, ce n'était pas le petit mousse qui occupait sa pensée, elle était toute pleine du jeune officier.

Elle le revoyait tel qu'il lui était apparu pour la première fois, grand, élégant comme un gentilhomme de cour, fier et fort comme un simple matelot. Et à ce physique fait pour séduire, s'ajoutaient l'auréole des hauts faits accomplis, des actes d'audace et de vaillance, le prestige d'un nom sans tache, d'un titre sonore.

Certes, quelle est l'imagination de jeune fille qui ne se fût enflammée pour semblable héros ! Ajoutez à cela qu'Anne gardait au fond du cœur une promesse solennelle et sacrée.

« Quand je reviendrai, je vous demanderai d'être ma femme », avait dit Jacques de Clavaillan.

Et de tout son cœur elle avait ratifié cet engagement. Pas une minute, elle n'avait songé à douter de cette promesse.

Quand on est jeune, tout est grave et sérieux, et il ne lui serait jamais venu à l'idée que Jacques eût pu prononcer une telle parole à la légère... Elle était sa fiancée, rien ne pouvait désormais défaire cela.

Et voilà qu'à formuler ce mot charmant de fiancée, Anne évoquait, grâce à son imagination futile, les plus gracieuses figures de l'histoire. Elle aussi, comme les jeunes châtelaines du moyen âge, elle attendait son héros. Comme ceux-ci, lui se couvrait de gloire, mais à l'encontre de celles-là, au lieu de rester passive et résignée en attendant son retour lorsqu'elle serait sa femme, elle l'accompagnerait, voulant être de moitié dans ses dangers et dans sa gloire.

Oui, il lui ferait une place à son bord, elle en serait la reine, se faisant aimer de tous, officiers et matelots ; elle les égayerait pendant la paix et les soignerait pendant la guerre.

Et comme cela elle ne quitterait jamais, jamais son mari !

Puis à ces rêves de gloire une pensée plus douce vint se mêler. Si elle s'en allait, qui donc resterait près de sa mère ?

Le problème était insoluble.

Anne décida donc de ne pas tenter de le résoudre et, emplissant une dernière fois ses yeux du magique spectacle de la nuit, elle alla se coucher. Et comme le sommeil n'est jamais loin quand on a quinze ans, elle ne tarda pas à s'endormir dans une suprême prière.

« Mon Dieu, ramenez bien vite Will pour maman et pour moi, et protégez toujours mon fiancé Jacques de Clavaillan. »

Elle dormit tard dans la matinée, le lendemain, et ne fut pas peu surprise de voir entrer sa mère déjà tout habillée, car, en général, c'était la jeune fille qui présidait au lever de Mme Ternant, se faisant une joie de lui rendre les menus services que peut réclamer la toilette.

« Mon Dieu, maman, quelle heure est-il donc ? s'écria-t-elle, quand elle eut embrassé sa mère.

— Il est dix heures, ma chérie, et déjà Alick et Fred sont venus prendre de tes nouvelles et nous prier d'aller déjeuner chez leurs parents.

— Et nous y allons, maman ?

— Oui, certainement. Tu sais que je ne me fais jamais prier pour aller chez nos voisins. M. O'Donovan a si bien le secret de me rassurer, que c'est toujours un bonheur pour moi de l'écouter. »

Et comme Mme Ternant allait s'éloigner pour tenir compagnie aux deux jeunes gens, elle se retourna vers la jeune fille :

« Anne, mets ton amazone ; je crois qu'ils ont apporté ta selle dans la voiture, et surtout dépêche-toi. »

La fillette, ravie, ne se fit pas répéter la recommandation. En quelques secondes, elle fut debout procédant aux ablutions journalières ; puis, quand, toute fraîche, elle eut lissé ses cheveux, elle revêtit son amazone.

C'était une jupe très longue et un petit corsage ajusté comme ceux que portent les jeunes filles de nos contrées pour leur promenade au bois, mais, au lieu d'une teinte sombre, ainsi qu'il est d'usage en Europe, le costume de cheval d'Anne était blanc comme tout le reste de sa garde-robe. Elle chaussa des petites bottes à l'écuyère en cuir jaune très souple, mit des gants de fil blanc, et enfin se coiffa d'un casque de toile qui préservait la nuque et le front des ardeurs du soleil. Puis, ayant pris une petite cravache à pommeau d'argent, elle sortit par le balcon pour chercher sa mère et ses amis qu'elle ne tarda pas à apercevoir assis à l'ombre dans le jardin.

Elle courut à eux et ils échangèrent avec cordialité de vigoureux shake-hands.

« Vous allez mieux, ce matin, Anne ? interrogea Fred avec sollicitude, tandis qu'Alick la contemplait avec admiration.

— Beaucoup mieux, je vous remercie », dit la jeune fille ; puis, avec impétuosité, elle demanda :

« Est-ce que nous partons, mère ?

— Pas avant que tu n'aies pris quelque chose, mon enfant. Il y a encore une heure avant le déjeuner...

— Oh ! maman, je vous assure que je n'ai pas la moindre faim.

— Va toujours, Fred te tiendra compagnie. »

En riant les deux jeunes gens s'éloignèrent, et l'on entendit bientôt les gais éclats de voix d'Anne qui exigeait que son compagnon goûtât à tout ce qui était servi.

Fred était le compagnon inséparable d'Anne. C'était le second des six fils de Patrick O'Donovan et il était de quelques jours seulement plus âgé que la jeune fille.

Alick était l'aîné de tous. Déjà sérieux pour son âge, il n'avait que seize ans, il était d'un grand secours pour son père qu'il aidait dans l'exploitation de ses terres.

Plus rarement mêlé aux jeux de ses frères et d'Anne, il n'en professait pas moins pour la jeune fille une admiration passionnée. Elle était vraiment la souveraine de ces six garçons qui n'avaient d'autre volonté que celle de la jeune fille, d'autre ambition que celle de satisfaire ses caprices.

C'était pour lui plaire, parce qu'elle avait témoigné le désir de monter à cheval, qu'Alick et Fred étaient partis un beau jour pour Madras afin d'acheter une petite selle de dame qui pût convenir à leur amie.

Et tantôt l'un, tantôt l'autre, lui donnaient des leçons d'équitation, se trouvant suffisamment remerciés par un sourire, très fier des progrès rapides de leur élève.

Ce jour-là donc, au moment de partir pour la propriété voisine, Alick et son frère se mirent en devoir de desseller un des poneys ; puis, prenant sous le siège du cabriolet la selle d'Anne, ils la remplacèrent par celle d'un des jeunes gens ; après quoi, ils examinèrent minutieusement les courroies, et enfin, pliant le genou, Fred enleva la jeune fille pour la mettre en selle.

« Quel est celui qui m'accompagne ? interrogea gaiement Anne.

— Voulez-vous aller, Fred ? demanda à son tour l'aîné.

— Non, allez vous-même, Alick, je vais conduire le cabriolet. »

Les deux jeunes gens aidèrent Mme Ternant à monter dans la voiture ; puis, ayant congédié le domestique qui tenait les chevaux, Fred saisit les rênes et la petite caravane s'ébranla.

Il y avait à peine un quart d'heure de route entre la maison de Mme Ternant et celle de l'Irlandais ; aussi fut-on bientôt arrivé.

Patrick O'Donovan et sa femme attendaient leurs hôtes dans le jardin, et les quatre garçons poussèrent des cris de joie en apercevant Anne, bien qu'ils ne l'eussent quittée que de la veille.

Le plus petit, Jack, s'approcha d'elle et, très tendrement, lui demanda si elle n'était plus triste.

« Non, mon petit Jack, fit-elle en le prenant dans ses bras et en embrassant sa jolie tête blonde, je ne suis plus aussi triste qu'hier, mais je ne serai vraiment heureuse que quand mon frère Will sera revenu. »

Jack, qui n'était pas bien au courant des événements, allait probablement poser des questions à la jeune fille, quand il fut prévenu par Fred qui proposait une partie de croquet en attendant le déjeuner.

A l'exception des deux plus jeunes, tous y prirent part, et la partie était loin d'être finie quand la cloche du déjeuner se mit à sonner.

On la quitta cependant sans regret ; n'avait-on pas tout l'après-midi pour organiser des jeux d'ensemble ?

Le repas, grâce aux O'Donovan, fut très gai. Tous deux avaient su, à force de raisonnement, persuader à Mme Ternant qu'elle reverrait bientôt son fils et, comme celle-ci ne demandait qu'à se laisser convaincre, un entrain charmant régna tout le temps.

Dès qu'on fut sorti de table, ainsi qu'ils en avaient l'habitude, les enfants, insensibles à la chaleur, se répandirent dans le jardin ; mais le soleil était si ardent qu'ils furent bientôt contraints de chercher un refuge à l'ombre pour se reposer.

« Descendons jusqu'à la rivière, proposa Cécil, le troisième des enfants, je connais un endroit où l'on sera très bien. »

Péniblement on gagna le ruisseau que Cécil décorait pompeusement du nom de rivière.

Il y avait là, en effet, un petit coin de prairie où l'herbe assez épaisse était parfaitement unie et où quelques arbres au feuillage très épais faisaient un dôme de verdure. Avec un soupir de soulagement, ils s'étendirent tous à terre et Anne qui avait mouillé son mouchoir s'en imbibait le visage et faisait sauter quelques gouttes à la figure de Jack qui riait aux éclats.

Mais tout à coup, interrompant son jeu, le petit garçon devint grave et la fillette comprit qu'il allait l'interroger.

« Anne, demanda-t-il, pourquoi votre frère est-il parti ?

— Pour se battre contre les Anglais, Jack, répondit-elle.

— Pourquoi se bat-il contre les Anglais ?

— Parce que les Anglais font la guerre à la France et que Will ne les aime pas.

— Alors il ne nous aime pas, nous non plus ?...

— Vous savez bien que nous ne sommes pas Anglais, nous sommes Irlandais, interrompit Cécil avec feu.

— Tant mieux, murmura Jack avec philosophie, j'aurais été fâché que votre frère ne nous aimât pas.

— Quel âge a-t-il, exactement, votre frère, Anne ? demanda Franck.

— Il va avoir treize ans.

— Comme moi, dit Cécil avec un soupir. Je voudrais bien, moi aussi, m'embarquer sur un navire pour faire la guerre comme Will.

— Vous seriez obligé de vous battre contre nous, dit Anne avec un reproche.

— Qui donc a emmené votre frère ? demanda à son tour Mervil, le cinquième.

— M. de Clavaillan.

— Qui est M. de Clavaillan ? fit Jack.

— C'est mon fiancé, répondit-elle, voulant par cet aveu public se confirmer à elle-même le rêve qu'elle caressait depuis longtemps.

— Votre fiancé, interrompit Alick avec vivacité ; comment M. de Clavaillan peut-il être votre fiancé ?

— Parce qu'il m'a promis que quand il reviendrait, il m'épouserait.

— Ah ! vraiment, reprit le jeune homme avec ironie, et vous croyez à une telle promesse ? Mais vous n'étiez qu'une petite fille, et M. de Clavaillan a voulu se moquer de vous. »

Anne se redressa très rouge.

« M. de Clavaillan est marin et Français, et il ne peut mentir.

— J'ai lu, continua Alick impitoyable, que les Français n'étaient pas fidèles…

— Vous mentez, s'écria la jeune fille, et si vous devez continuer ainsi, je m'en vais.

— Alick, dit Fred, vous avez tort de parler ainsi. Les Français ont toujours été les amis de l'Irlande. »

Mais déjà le jeune homme s'était ressaisi. Il s'approcha de la fillette.

« Anne, dit-il, pardonnez-moi. Je ne pense pas ce que j'ai dit et j'ai cédé à un mauvais sentiment. Il m'a semblé dur que cet étranger, que M. de Clavaillan, reprit-il vivement, vous emmenât un jour et nous prive ainsi de notre amie. »

Naïvement, sans s'en douter, le pauvre Alick venait de faire l'aveu du rêve très vague qui le hantait et auquel il n'avait jamais osé s'arrêter, trop jeune encore pour le comprendre.

Et Anne, aussi naïve, ne vit pas non plus, ne comprit pas cet aveu. Elle se contenta de sourire, et lui tendant la main :

« Vous êtes tout pardonné, Alick, mais il ne faudra jamais, jamais plus dire du mal des Français. »

Cependant, malgré la réconciliation, la journée s'acheva un peu morne, sans l'entrain habituel. Alick se répétait pour bien s'en convaincre :

« Anne est fiancée à M. de Clavaillan. »

Et Anne entendait encore la phrase d'Alick :

« Vous n'étiez qu'une petite fille, il a voulu se moquer de vous. »

CHAPITRE XI
LA « SAINTE-ANNE »

Il y eut un moment de stupeur à bord du *Good Hope*.

Que signifiaient ces couleurs françaises brusquement arborées par le vaisseau inconnu. Fallait-il leur accorder confiance ou devait-on les tenir pour suspectes ?

Le problème était ardu pour des gens qui venaient de pratiquer le même subterfuge et de tromper leurs ennemis en se couvrant de leur pavillon. L'anglais ne faisait-il pas ce qu'avait fait le *Good Hope* avec une audace couronnée de succès ?

Les trois spectateurs du drame demeuraient muets, les yeux fixés sur l'étrange navire. Que leur apportait-il ? le secours ou la mort ?

« Bah ! fit Evel, il ne sert à rien de nous le demander, puisque le résultat est le même. Si le bateau est Ingliche, nous n'avons qu'à laisser porter. Il sautera avec nous. »

Jacques de Clavaillan ne prononça pas une parole. Le cœur gros, blême, les dents serrées, les yeux rouges, il regardait danser sur les vagues l'esquif qui emportait le petit Will et qui décroissait à vue d'œil, tandis que se rapprochait le vaisseau suspect aux couleurs de la France.

« Le pauvre petit ! » murmura Piarrille Ustaritz, traduisant d'un mot la pensée qui hantait l'esprit de son chef.

La parole revint à celui-ci.

« Sois tranquille, garçon ; nous le vengerons tout à l'heure. »

Et il fit garder les plus hautes voiles, ne voulant plus retarder la rencontre avec le vaisseau anglais. Maintenant que la catastrophe était inévitable, tous avaient la morbide impatience de la précipiter.

Brusquement Evel étendit la main dans la direction du vaisseau.

« Voyez donc, commandant. Deux autres voiles au sud-ouest. »

Il disait vrai. Deux silhouettes nouvelles se dessinaient sur le ciel pâle du couchage, dans la bande de pourpre qu'y traçait le soleil près de disparaître.

« Attention ! commanda le jeune chef. Il fera nuit noire dans un quart d'heure. Tous les Anglais sont sur nous. Il faut que notre mort soit une apothéose et que nous éclairions tout le ciel. »

Cependant les deux navires se rapprochaient ; la distance diminuait rapidement entre eux, et l'on pouvait apprécier les formes de l'ennemi se présentant tantôt par l'avant, tantôt par le flanc.

Depuis quelques secondes, les yeux de Jacques s'étaient faits plus attentifs, obstinément fixés sur l'arrivant.

Et, tout à coup, un cri jaillit de sa gorge, semblable à un rugissement de joie et de triomphe.

« Dieu me pardonne ! Mais c'est une vieille connaissance, ce bateau ; c'est l'ancienne *Confiance*, sur laquelle Surcouf nous a recueillis ! »

En ce moment même, le bâtiment suspect arborait des signaux d'amitié.

Il n'y avait plus de doutes à conserver. C'était un ami, non un adversaire, qui venait ainsi à la rencontre des marins du *Good Hope*.

Telle fut l'allégresse des trois hommes que le marquis les saisit dans ses bras et les embrassa avec une sorte de folie.

« Et le pitchoun ? interrogea Ustaritz en montrant à Clavaillan un petit point noir prêt à disparaître dans le nord.

— J'y pense, répondit le jeune homme, fais descendre le second canot, Piarrille, et prends avec toi quatre hommes pour aller le chercher. »

L'ordre fut exécuté sur-le-champ. Quatre matelots espagnols embarquèrent avec le Basque. Un jeu rapide des avirons les emporta. Il n'était que temps. Will devait être à un mille en arrière.

Pendant ce temps, Evel répondait aux signaux de la *Confiance*.

« Ça, dit-il, c'est bien des Français. Mais les trois Anglais sont toujours en vue dans le nord-est. On pourrait les attendre.

— Sois tranquille, répondit Jacques. Si la *Confiance* est ici, c'est que le *Revenant* et la *Sainte-Anne* ne sont pas loin.

— Le *Revenant* et la *Sainte-Anne*, répliqua le Breton, c'est peut-être bien ceux qui viennent là-bas, par derrière celui-ci. »

Il montrait du doigt les deux silhouettes signalées un instant plus tôt.

Mais soudain leur conversation fut interrompue. La *Confiance* allumait ses feux de position et le *Good Hope* devait l'imiter.

La nuit se fit immédiatement, le soleil étant tombé sous l'horizon.

Un fanal puissant fut placé à l'arrière du trois-mâts afin de guider ceux qui s'étaient portés à la recherche de Guillaume Ternant.

Or, tandis que ces choses se passaient sur le *Good Hope*, le petit mousse, abandonné sur son canot, se laissait aller au désespoir.

Pourquoi l'avait-on ainsi embarqué sans explications, sans motifs ?

A vrai dire, au premier moment, ç'avait été pour lui un véritable soulagement de sortir de la nuit de sa geôle pour se retrouver au grand air.

Dans ces ténèbres abominables, précédant celles de la mort, l'enfant avait éprouvé des affres cruelles. Il avait dit adieu au ciel et à la lumière.

Et voici qu'on l'en avait retiré. Une fois encore, il avait respiré l'air pur et fortifiant du large, contemplé le firmament immaculé.

Puis, sans que rien pût lui faire deviner la cause de ce changement, sans une parole explicative, Jacques de Clavaillan l'avait placé dans ce canot, lui donnant l'ordre de fuir, de se dérober à la poursuite des Anglais.

Quelles étaient donc les intentions de son vaillant ami, de celui qu'il considérait, qu'il aimait déjà comme un frère ? Pourquoi se séparait-il de lui sans lui révéler les raisons de cette séparation ?

Dans ce canot, ballotté par les vagues, il se trouvait seul, seul au moment où la nuit allait se faire, sans un appui, sans un conseil, sans une parole réconfortante pour le soutenir dans la lutte.

Et, en inspectant l'embarcation, voici qu'il y découvrit une caisse qu'on y avait intentionnellement déposée. Dans cette caisse, il y avait quatre bouteilles de vin, une cinquantaine de biscuits, quelques boîtes de conserve et des fruits secs.

Sous un banc, était amarré un baril d'eau fraîche.

Guillaume vit bien que l'intention de l'abandonner était bien mûrie.

Et, derechef, l'affreuse question se posa à son esprit angoissé.

Pourquoi l'abandonnait-on ainsi ? Quelle était la pensée de Jacques ?

Alors la clarté se fit soudainement en lui. Il comprit le sentiment du marquis.

Si Clavaillan l'abandonnait de la sorte, si Evel et Ustaritz souscrivaient à la sentence, c'était sans nul doute que les trois hommes avaient modifié leur première et farouche intention.

Ils voulaient mourir seuls ; ils ne voulaient point tuer un enfant.

Oui, c'était là la vérité, la seule explication possible de leur conduite.

Cette réflexion entra comme un éclair dans l'âme troublée de Will.

Oh ! ils étaient bons jusqu'au bout, ces amis de rencontre, ces braves dont il avait partagé le dénuement et les souffrances, trop bons même, puisqu'en lui accordant la vie, ils ne faisaient que prolonger son agonie, se délivrant seuls par une mort violente, mais héroïque.

Par cela même que la vérité éclatait avec plus de force à ses yeux, elle le frappait comme un coup de foudre ; elle le terrassait sous sa violence.

Guillaume retomba, inerte, sur son banc et se mit à pleurer à chaudes larmes.

Mais à cet âge, les réactions sont vives. On ne fléchit pas sans se relever.

Brusquement l'enfant se redressa, saisit les avirons et se mit à nager avec vigueur dans le sillage du *Good Hope*, afin de maintenir sa distance.

Du haut du gaillard, penchés sur la lisse, les trois hommes lui adressaient des signes affectueux de tendresse, s'efforçant à lui parler de la main.

Et voilà qu'en se retournant Will aperçut le navire qui venait à la rencontre du *Good Hope*. Il vit le pavillon français flotter sur le bâtiment redouté. Il laissa échapper les rames et, se levant, jeta un grand cri :

« Les couleurs de la France ! Les trois couleurs ! »

Son bras s'agitait, montrant à ses amis ce drapeau qu'il venait de découvrir le premier et qui lui rendait l'espérance.

Ils comprirent son geste, ils entendirent le son de sa voix ; ils reconnurent comme lui le pavillon national, les couleurs de la patrie.

Mais, chose étrange, ils n'en parurent ni satisfaits ni émus.

Du canot, Will put voir les trois hommes se rapprocher, gesticuler en désignant le bateau inconnu, échanger sans doute leurs réflexions.

Et, s'oubliant à les contempler, l'enfant oublia de les suivre. Les avirons pendaient inertes à leurs tolets de cuivre. Une grosse lame souleva la frêle coque de noix et l'emporta à deux cents brasses en arrière du trois-mâts. Il devenait impossible de regagner la distance.

Le découragement s'empara de nouveau du mousse, un découragement grandissant qui tout à l'heure allait se changer en désespoir.

Il fut d'autant plus terrible, d'autant plus écrasant, que l'espérance, un instant entrevue, avait été plus lumineuse, plus éblouissante.

Et soudain, la nuit se fit, ajoutant à l'horreur de sa situation.

Loin, bien loin dans le sud, Guillaume vit s'allumer les feux du *Good Hope*.

Allons ! tout était dit. Des doutes affreux le ressaisirent. Il se dit qu'il était bien définitivement abandonné cette fois, et il s'abattit à l'arrière du canot, la tête entre les bras, sanglotant comme un petit enfant.

Au-dessus de sa tête, les étoiles trouaient la voûte de leurs petits points clairs et scintillants, pareils à une poussière de diamants éparpillés sur un voile de deuil.

Au-dessous de lui, la mer se gonflait en larges vagues, à l'échine souple, au dos arrondi, qui le balançaient comme un nouveau-né dans son berceau.

Et Will ne voyait rien, n'avait pas un regard pour le sombre et grandiose spectacle de ce ciel et de cette eau confondus dans une même obscurité.

Enfoui dans sa douleur, priant pour ceux qu'il ne verrait plus, il pleurait.

....

Un cri traversa le vaste silence et le fit tressaillir.

C'était son nom qui avait roulé sur les échos de l'abîme. Une voix l'avait appelé, et cette voix, il avait cru la reconnaître.

Il se releva et tendit l'oreille, prêtant toute son attention.

La voix traversa derechef l'espace, la voix de Piarrille Ustaritz, le Basque, qui jetait à pleins poumons son appel sonore :

« Ohé ! du canot ! Will ! petit Will, le mousse ! »

L'enfant se leva tout droit dans l'embarcation et répondit avec ferveur :

« Ohé ! du canot ! A moi ! Piarrille, à ton bord, dans le vent. »

Et de la sorte, pendant un quart d'heure, l'homme et l'enfant se répondirent.

Le second canot, maintenant, avait allumé son fanal. Will voyait la petite lueur courir et scintiller sur l'eau, paraître et disparaître sous les lames. Il se remit aux avirons et nagea hardiment à la rencontre de ses amis.

Il fallait une bonne demi-heure pour permettre aux deux embarcations de se rejoindre.

Mais quand elles furent bord à bord, le Basque fut le premier à accoster. Il sauta d'un bond dans celle qui portait Guillaume, et l'amarra à l'arrière de la sienne, afin de la remorquer vers le *Good Hope*.

Après quoi, se redressant, il ouvrit tout grands ses bras et étreignit l'enfant dans une accolade, quasi paternelle, riant et pleurant à la fois.

Une heure plus tard, Guillaume Ternant se retrouvait à bord du bâtiment qu'il avait quitté désespéré et qu'il ne croyait plus revoir.

Evel, puis Clavaillan le serrèrent en frémissant sur leur poitrine.

Il riait maintenant, le pauvre Will, qui pleurait tout à l'heure.

« Commandant, dit-il, je sais pourquoi vous m'avez abandonné.

— Tu le sais ?... Mais nous ne t'avons pas abandonné, petit. Nous avons voulu seulement... Et la voix de Jacques trembla.

— M'empêcher de mourir avec vous, n'est-ce pas ? dit le petit garçon. Oh ! je l'ai bien compris, allez, quand je me suis vu tout seul avec les provisions que vous m'aviez laissées. »

Les yeux de Jacques se mouillèrent, mais de très douces larmes, cette fois.

« Eh bien, oui, tu as deviné. Nous avons voulu mourir seuls.

— Et maintenant, vous ne voulez plus ?

— Maintenant, nous avons reçu le secours de Dieu et des hommes. Le bateau que nous suspections est français. Tu le connais aussi bien que nous. C'est celui qui nous a sauvés sur la chaloupe quand nous étions au moment d'expirer. C'est la *Confiance* de Surcouf et jamais elle n'a mieux mérité son nom.

— Bravo, commandant ! s'écria Will, et vive la *Confiance* !

— Ce n'est pas tout, reprit le jeune corsaire, celui qui la commande m'a appris que c'était une surprise que Surcouf nous avait ménagée, qu'il l'avait équipée et armée sans prévenir personne. Demain, au soleil levant, nous serons rejoints par lui sur le *Revenant* et je remonterai sur ma vaillante *Sainte-Anne*. Et alors, malheur aux Anglais ! »

Et le lieutenant de Surcouf étendit son poing fermé et son bras menaçant vers l'horizon du nord-est, où, sous la trame des ténèbres, il devinait l'approche des trois vaisseaux du commodore Harris.

« Est-ce que vous allez me laisser sur ce mauvais bateau marchand ? »

La question était faite sur un ton d'effroi qui fit rire Clavaillan.

« Te laisser ? Non pas, mon ami. Tu as assez souffert avec nous, surtout depuis trois jours, pour avoir mérité de garder ta place sur mon brave brick. Tu es désormais un homme, que sainte Anne protège les tiens. »

La nuit s'acheva dans cet état d'esprit si différent de celui de la matinée.

Un véritable enthousiasme animait Jacques et ses compagnons. Sur son ordre, Will et les deux matelots allèrent dormir quelques heures. Ils auraient besoin de toutes leurs forces pour la journée du lendemain.

Ainsi que l'avait dit le marquis, au soleil levant on put voir les deux vaisseaux corsaires émerger de la brume, toutes voiles dehors.

C'étaient le *Revenant* avec ses cinquante-huit canons, la *Sainte-Anne* avec ses dix-huit pièces. En les additionnant aux trente-quatre bouches à feu et aux deux cent cinquante hommes de la *Confiance*, on arrivait au chiffre superbe de huit cent soixante-dix combattants et de cent dix canons. Avec cela on pouvait livrer bataille.

Cependant l'Anglais n'avait pas changé sa route. Bravement, il continuait à s'avancer sous le vent, fier de sa supériorité d'armement et se jugeant invincible. Il osait courir au-devant de la lutte.

La frégate le *Kent* avait, en effet, soixante-dix canons ; chacune des deux corvettes *Eagle* et *Queen Elisabeth* en portait vingt.

C'était donc à égalité d'armes qu'on allait combattre, du moins sous le rapport du nombre des canons. Car, en ce qui concernait le chiffre de l'équipage, les trois vaisseaux anglais représentaient un millier d'hommes.

Grande fut donc la surprise des marins français lorsque les signaux du *Revenant* donnèrent l'ordre de battre en retraite.

On prit chasse devant l'ennemi, ce qui n'alla pas sans provoquer quelques murmures. Mais la seule vue de Surcouf suffit à les réprimer.

Déjà le marquis, Evel, Ustaritz et Will étaient retournés sur la *Sainte-Anne*. Le *Good Hope* marchait au milieu de la flottille, protégé par la *Confiance* qui fermait la marche, ouverte par le *Revenant*.

Le corsaire, d'ailleurs, avait médité et préparé la manœuvre.

Par ses soins, deux pièces avaient été débarquées de la *Confiance* et placées sur le voilier anglais, à l'arrière.

« De cette façon, avait-il dit, nous aurons la satisfaction de les faire recevoir en amis par leur ancien compatriote. »

Il avait mandé à Clavaillan de se tenir en flanc de la colonne.

« As-tu parmi tes hommes un gaillard résolu qui veuille risquer une grosse chance de faire du mal aux Anglais, s'il n'est pas tué ?

— Je crois avoir ça, » répondit hardiment le marquis.

Et, à son tour, il appela Evel et Ustaritz et leur demanda sans détours :

« Garçons, lequel d'entre vous consentirait à rester sur le *Good Hope* avec une quinzaine de lurons pour recevoir le premier coup de feu de l'Anglais ?

— Dame ! fit Evel, c'est à vous de choisir, commandant ; car je crois bien que si vous nous consultez, chacun de nous dira *Amen*.

— Je tiens pourtant à ce que vous le décidiez vous-mêmes. Le poste est hasardeux et il y a quatre-vingts chances d'y rester.

— Pourvu qu'il y en ait vingt d'en sortir, s'écria insoucieusement le Basque, je suis tout prêt à faire ce qu'on m'ordonnera.

— Et moi, dit Evel, si l'amiral me promet un bon baril de vin ayant fait la traversée, je suis tout prêt aussi à tenir compagnie à Piarrille.

— Je te le promets en son nom, Breton de roche, répliqua Clavaillan, et je te permets de suivre Ustaritz à son bord.

— Pour lors, questionna celui-ci, que nous faudra-t-il faire ? »

Le lieutenant de Surcouf leur demanda toute leur attention.

« Écoutez, dit-il, voici en quoi consiste le plan de l'amiral. »

C'était le titre que tous les matelots du corsaire donnaient à leur chef.

« Nous avons pris chasse devant les Anglais, mais c'est pour les attirer le plus loin possible, car, indépendamment de ces trois vaisseaux, une demi-douzaine d'autres s'avancent à notre rencontre. Leur approche nous a été signalée, au moment du passage de Surcouf à Bourbon. Dès que ceux-ci seront à un mille de nous, nous reviendrons sur eux. Ce sera le grand branle-bas, et alors, tant pis pour eux, tant mieux pour nous. Or, l'essentiel est que nous évitions leur premier feu, et que nous puissions les saluer de toutes nos batteries. Il faut donc que le *Good Hope* attire le plus gros des vaisseaux, c'est-à-dire la frégate qui marche en tête. Quand elle sera à bonne portée, elle lui enverra la double bordée de ses pièces de retraite. Mais un homme de sang-froid est indispensable pour diriger la manœuvre et se coller à l'Anglais avant de faire sauter le trois-mâts.

— Ça va, dit paisiblement Ustaritz, je crois que je pourrai faire ça.

— Et moi, ajouta Evel, je doublerai volontiers mon matelot.

— Alors, on va vous donner dix garçons solides au poste. Pouvez-vous compter sur vos Espagnols ?

— Caramba ! s'écria le Basque, je te crois qu'on peut y compter. Depuis hier, ils n'ont pas cessé de grincer des dents contre les Anglais. »

Le plan fut exécuté à la lettre. Le *Good Hope* reçut ainsi un équipage de vingt hommes. Surcouf y avait attaché ses deux meilleurs canonniers, afin que la première et probablement la seule bordée du navire marchand, converti pour la circonstance en vaisseau de guerre, fît le plus de mal possible à la frégate anglaise.

Cependant celle-ci et les deux corvettes, ses acolytes, poursuivaient leur chemin et s'avançaient résolument sur les quatre navires.

La distance, encore trop grande, devait les induire en erreur. Mais le courage britannique est surtout fait d'implacable ténacité.

Le commodore Harris voulait savoir à tout prix ce qu'étaient ces trois bâtiments inconnus qui venaient de se joindre au trois-mâts poursuivi depuis quatre jours. Brave, mais présomptueux, l'officier du roi George professait un imprudent mépris pour les corsaires.

Cette outrecuidance était partagée par sir George Blackford, commandant de la corvette *Eagle*.

Au contraire, James Peterson, commandant la *Queen Elisabeth*, était plein de prudence et de raison. Mais ses sages avis l'avaient fait railler de son chef aussi bien que de son collègue Blackford.

Ce jour-là, pourtant, il ne fut pas maître de ses appréhensions, et, se mettant en rapport avec le commodore Harris, il lui fit part de ses craintes.

« J'ai quelque méfiance de l'allure de ces quatre bâtiments voyageant de conserve. Il y aurait lieu de nous assurer que le reste de l'escadre pourra, le cas échéant, nous prêter main-forte. »

Harris regarda son lieutenant avec un sourire de dédaigneuse raillerie.

« En vérité, monsieur, êtes-vous prudent au point de ne point oser attaquer deux navires de commerce, dont l'un est un anglais qui nous a été pris par ruse et supercherie.

— Cette ruse et cette supercherie prouvent que ceux qui l'ont conçue et exécutée sont des gens habiles, commodore. Ils ont dû se ménager des moyens de défense que nous ignorons.

— Quels moyens ? Le flibustier qui est venu jusqu'à Bombay tromper les imbéciles du *civil service* est tout au plus quelque convict échappé de Botany-Bay ou d'Aden, et qui aura assassiné le capitaine du *Good Hope*.

« Il n'y a pas de Français en cette affaire. D'ailleurs y en eût-il que j'en serais ravi. Cela nous fournirait l'occasion de faire quelque bonne capture.

— Votre Seigneurie peut avoir raison. Je maintiens pourtant mon sentiment.

« Surcouf est un homme d'une extrême audace, et il y aurait de la prudence... »

Le commodore répliqua brutalement :

« La prudence prendrait un autre nom, monsieur. Je n'ai pas besoin de vous le dire. Quant à votre Surcouf, je ne demande que l'occasion de me trouver en face de lui. Vous seriez aimable de l'en prévenir. »

Peterson blêmit sous l'affront. Mais il ne répondit rien, et, courbant le front, il regagna la *Queen Elisabeth*.

CHAPITRE XII
MADRIGAUX DE GUERRE

Les marins de Surcouf eurent promptement l'explication des motifs qui avaient décidé leur chef à fuir devant les vaisseaux anglais.

On était au voisinage des îles Maldives, dans le bras de mer qui sépare cet archipel de celui des Maldives, passage essentiellement dangereux pour la navigation et qui a vu d'innombrables naufrages.

Or, depuis plusieurs semaines, le corsaire était averti que trois navires anglais, voyageant de conserve, avaient quitté le Cap se dirigeant vers l'Inde.

La *Sainte-Anne* n'était plus à son service par suite de la manœuvre de Clavaillan, il n'avait pu surveiller les côtes d'Afrique, ni par conséquent, arrêter au passage ces bâtiments qu'il savait porteurs d'une riche cargaison.

Il avait donc pris à part son lieutenant et tous deux avaient arrêté un plan aussi audacieux qu'imprévu.

« Jacques, avait dit Surcouf, nous avons deux moyens à notre disposition : livrer bataille tout de suite aux trois vaisseaux anglais, les couler, et revenir sur le convoi. C'est chanceux. Nous pouvons subir des avaries graves et n'être plus suffisamment armés pour nous rendre maîtres des bateaux marchands qu'on m'a signalés. Ou bien, nous devons nous porter au plus vite à la rencontre du convoi, le capturer, et attendre les trois vaisseaux pour leur faire face. »

Jacques hocha la tête.

« C'est hardi, mais tout aussi aventureux. Une fois les navires pris, qu'en ferons-nous ? Comment tenir tête aux Anglais, si nous sommes empêtrés d'une telle cargaison ? Il y a peu de chances pour que nous puissions la conserver. »

Surcouf eut un geste vif, et tapant sur l'épaule de son ami :

« Tu ne m'as pas compris. Je ne veux pas couler le convoi, bien au contraire. Il s'agit de le prendre sans l'avarier, et de nous en servir contre les autres en exposant à leurs feux les bateaux ainsi capturés. Je sais qu'à bord de l'un d'eux se trouvent d'honorables ladies, de charmantes misses, qui viennent rejoindre leurs familles dans l'Inde. Ce sont là de précieux otages, de sûres cuirasses contre les boulets anglais. Elles prises, nous aurons presque tous les atouts dans notre jeu. »

Clavaillan se mit à rire :

« Parbleu ! Si tu m'en dis tant !… Parmi les voyageuses se trouve sans doute lady Stanhope, la cousine de lady Blackwood, celle qui a rapporté d'Europe deux pianos à queue achetés en France. Bonne proie pour de galants chevaliers. »

L'ordre d'action fut donc immédiatement adopté. Jacques présenta une objection.

« Tout cela est fort bien. Mais où le prendre, ce convoi tant désiré ?

— M'est avis, répondit le Malouin, qu'à cette heure il ne doit pas être loin de nous. Je gagerais ma main droite qu'il a dû embouquer dans le canal des Maldives.

— Oh ! des navires de commerce se risquer en un tel passage…

— Oui, oui, il a la réputation d'être très périlleux, j'en conviens. Mais, outre qu'en cette saison, le vent les favorise, le passage, si dangereux qu'il soit, l'est infiniment moins qu'une rencontre de corsaires. Il y a donc de nombreuses probabilités en faveur de mon hypothèse.

— En ce cas, hardi et sus au convoi ! »

Tels furent les motifs pour lesquels les corsaires prirent chasse devant les vaisseaux anglais et les entraînèrent à leur suite dans le canal des Maldives.

Le sixième jour, vers midi, Clavaillan, qui courait en tête avec la *Sainte-Anne*, fit entendre un cri de joie et se mit en communication avec son chef.

Il venait de relever au sud-ouest, au voisinage de la plus petite des Maldives, le convoi si impatiemment cherché. Les trois navires s'y trouvaient réunis.

En un clin d'œil, le *Revenant* et la *Sainte-Anne* se mirent d'accord, et Surcouf arrêta le plan à suivre, aussi bref, aussi expéditif que possible.

Laissant la *Confiance* et le *Good Hope* se traîner à l'arrière, les deux corsaires se couvrirent de toile et s'élancèrent à la rencontre du convoi.

Grâce à leur prodigieuse vitesse, ils l'atteignirent vers trois heures de l'après-midi.

C'était bien lui. Les trois gros navires, pesamment chargés, semblaient ramper à la surface des flots. Ils n'avaient pas redouté la présence de l'ennemi en ces parages réputés dangereux, et leur prudence grossière leur était fatale.

L'apparition des corsaires les frappa d'épouvante.

Un seul des trois navires, le *Star*, voulut tenter une résistance.

Il portait une pièce de chasse à l'avant. Le boulet qu'il envoya vint chercher l'eau à cent mètres du *Revenant*.

« Mahé, cria le Malouin au plus habile de ses canonniers, te charges-tu d'amputer ce lourdaud de sa misaine ?

— Rien n'est plus facile, si vous le désirez, commandant, répondit Mahé.

— Alors, vas-y, et découpe proprement cette aile de pigeon. »

Mahé courut à l'une des pièces de tribord et pointa avec soin.

Quelques minutes plus tard, une détonation formidable ébranlait l'air, et du pont du *Revenant* on pouvait voir la misaine du navire anglais s'abattre avec fracas sur le pont et le couvrir de ses débris.

Le *Star* amena immédiatement son pavillon.

Aussitôt les deux corsaires s'approchèrent du convoi et intimèrent aux équipages l'ordre de se rendre à leur bord en qualité de prisonniers.

Ce fut le capitaine du Star qui vint implorer la modération des vainqueurs.

« Commandant, dit-il à Surcouf, vous ferez de nos personnes ce qu'il vous plaira. Toutefois nous osons espérer que vous vous conduirez en gentleman à l'égard des dames qui sont avec nous et qu'on ne saurait tenir pour prisonnières. »

Le redoutable écumeur de mer fronça le sourcil.

« Monsieur, répliqua-t-il, rien que pour ces paroles, je devrais vous faire pendre. Elles constituent une insulte gratuite. Je ne sais comment vous faites les choses en Angleterre. Mais ici, vous avez affaire à des Français. C'est vous dire que les dames n'auront qu'à se louer de notre conduite. »

Il y avait, proche le lieu de la capture, un îlot assez verdoyant et désert.

Les trois bâtiments, dirigés par les matelots français, mouillèrent dans une crique ombragée du rivage. Après quoi Surcouf donna l'ordre de faire débarquer tous les passagers, les femmes les premières.

Il y en avait une vingtaine de toutes les conditions.

Dans ce nombre apparaissait une jeune et élégante patricienne, au visage fier, à l'œil bleu plein de reflets d'acier. Quand elle fut en présence du corsaire, elle s'avança vers lui, la tête haute, la démarche assurée.

« Monsieur, dit-elle au Malouin, je ne puis croire que vous avez contre nous des intentions perfides. Vous jouissez en Angleterre et dans les colonies de la réputation d'un homme courtois et bien élevé. C'est sous cet aspect que je vous connais. »

Surcouf s'inclina en souriant.

« Vous pouvez vous assurer, milady, que cette réputation est justement accréditée.

« Si les nécessités de la guerre m'ont contraint à interrompre votre voyage, veuillez croire que c'est avec le plus vif regret de vous causer cet ennui. Mais, vos compatriotes le permettant, j'aurai l'honneur de vous remettre sur la bonne voie.

— Monsieur, répliqua la jolie prisonnière, j'étais sûre que nous serions sous la sauvegarde de votre honneur. Laissez-moi vous demander, toutefois, si votre intention est de nous abandonner sur cet îlot désert. »

Le Malouin fit un nouveau salut plus gracieux que le précédent.

« Milady, vous n'y séjournerez que le temps nécessaire à une joute inévitable. Vos beaux yeux vont sans doute contempler un combat sur mer, car je crois savoir que vos compatriotes nous donnent la chasse. Souffrez donc que jusqu'à demain je vous laisse sous la protection — je ne dis point, à dessein, sous la garde — de quelques-uns de mes plus aimables marins, et sitôt notre affaire vidée avec vos compatriotes, nous aurons l'honneur de vous rendre la liberté du chemin.

— Mais monsieur, s'écria la jeune femme, vous ne prévoyez que le cas où vous seriez victorieux ?

— C'est dans mes habitudes, madame.

— Vous n'avez donc jamais prévu l'hypothèse d'une défaite ?

— Je ne prévois que celle de ma mort, milady.

— C'est vaillamment parler, monsieur, et je vous admire pour cette parole. Mais elle n'est guère rassurante pour nous, prisonniers, permettez-moi de vous le dire.

— Au contraire, madame, si je meurs, c'est que les Anglais seront vainqueurs, et, en ce cas, ils n'auront rien de plus pressé que de vous délivrer. »

La jeune femme détourna la tête. Un long soupir souleva sa poitrine.

« Quelle affreuse chose que la guerre, monsieur Surcouf ! Elle peut donner de la gloire à quelques-uns, mais voyez de quel prix cette gloire est payée !

— Vous dites vrai, milady. Mais si vous m'en croyez, nous échangerons de telles réflexions quand la paix sera faite entre nos deux nations. »

Sur son ordre, les équipages des trois corsaires improvisèrent une sorte de campement dans une vallée bien abritée. Avec des espars, des vergues et des agrès de toute nature, on dressa des tentes sous lesquelles on installa des couchettes et des hamacs à l'usage des prisonnières.

Au préalable, on faucha un vaste espace où l'on promena le feu par précaution contre les serpents et les insectes venimeux. Ce feu fut entretenu toute la nuit aux alentours des tentes, bien que l'îlot ne parût point assez grand pour contenir des fauves. Une compagnie de cinquante hommes veilla pendant toute la durée des ténèbres, à distance suffisante pour ne point gêner les prisonnières dans leurs soins personnels.

Surcouf, toujours attentif, chargea Clavaillan de le seconder dans sa besogne de garde protectrice.

Le marquis revêtit donc son plus brillant uniforme et accompagna son chef auprès des captives, auquel il adjoignit Will comme spécialement attaché à leur service à défaut de domestiques attitrés.

Le petit mousse s'attira tout de suite la bienveillance de la jeune Anglaise.

« Vous me paraissez bien jeune pour servir, mon enfant, lui dit-elle, avec un maternel sourire, jouant sur le double sens du mot « servir ».

— Milady, répliqua gaillardement Guillaume, qui était à bonne école pour l'esprit aussi bien que pour le courage, je sers la France par le cœur et l'Angleterre par admiration pour ses filles. »

Surcouf et Clavaillan battirent des mains en même temps que la captive.

« Décidément, messieurs, dit celle-ci, on a raison d'assurer que vous ne craignez personne sur aucun champ de bataille. L'esprit vous vient de bonne heure. »

Elle attira l'enfant auprès d'elle et lui fit raconter son histoire. Elle l'interrogea longuement sur ses origines et sur sa famille. Des larmes mouillèrent ses paupières lorsqu'il lui apprit que sa mère et sa sœur habitaient à Ootacamund dans une vallée enfouie au pied des monts Nielgherries, que, depuis près de trois ans, elles n'avaient pas eu de ses nouvelles.

« Will, dit doucement la prisonnière, je vous promets que, si je rentre saine et sauve dans l'Inde, j'irai à Madras voir ma parente lady Blackwood et que de là je me rendrai à Ootacamund pour consoler votre mère et votre sœur.

— Quoi ! s'écria Jacques de Clavaillan, seriez-vous donc cette parente dont m'a parlé lady Blackwood à Madras, lady Stanhope, si je ne me trompe ?

— Moi-même, pour vous servir, monsieur le marquis de Clavaillan, fit la rieuse jeune femme avec une profonde révérence, digne de l'ancien régime.

— Madame, reprit le Français, il m'était permis d'en douter. Voici près de trois ans que lady Blackwood m'apprit qu'elle attendait votre arrivée et, depuis cette époque, j'ai pu vous croire parvenue à destination.

— Monsieur, répondit lady Stanhope, sur le même ton, vous avez su si bien tenir la mer depuis ces trois ans que ma famille, justement alarmée, ne m'a point permis de m'embarquer. De là, mon retard. »

Jacques sourit, puis, après quelques secondes d'hésitation, reprit :

— M'est-il permis, milady, de vous poser une autre question ?

— Je n'y vois aucune espèce d'empêchement, monsieur le marquis.

— Puisque vous m'y autorisez, je vous demanderai donc si vous avez emporté d'Europe deux pianos à queue dont lady Blackwood paraissait être fort en peine. Ce sont, m'a-t-elle dit, de récentes merveilles. »

L'aimable Anglaise laissa libre cours à sa gaieté.

« Allons ! je vois que vous êtes merveilleusement informé. En effet, monsieur, ces pianos, selon le nom que leur donnent les Italiens, *piano-forte*, sont à nos clavecins et à nos épinettes ce que les canons modernes sont aux bombardes de Crécy. Et, puisque vous m'interrogez avec autant de bonne grâce, sachez que ces pianos ont été soigneusement arrimés dans les flancs du *Star*.

— Celui des bateaux qui nous a contraints d'abattre sa misaine, dit Surcouf.

— Celui-là même, messieurs. Et vous avez été vraiment bien aimables de ne point le couler, car, en le coulant, vous m'eussiez fait perdre la somme de quatre cents livres. Je vous dois, de ce chef encore, une vive reconnaissance. »

Le corsaire fit chorus à l'hilarité de la jeune femme.

« Ne m'en remerciez pas outre mesure, milady. En ménageant vos navires, je ménageais ma bourse et aussi ma bonne renommée.

— Comment cela, monsieur.

— Vous allez me comprendre. Mon ami Jacques avait commis, à Madras, la chevaleresque imprudence de s'engager en mon nom à remettre les deux précieux instruments de musique sains et saufs de toute avarie.

— Alors, monsieur, je puis être sûre que mes pianos m'accompagneront ?

— Doucement, milady, doucement. Je vous réponds, foi de Surcouf, que vos pianos vous seront rendus, mais je ne puis vous garantir qu'ils arriveront dans l'Inde en même temps que nous.

— Et pourquoi non, s'il vous plaît, monsieur Surcouf ?

— Parce que, madame, tout voleur de grand chemin que je sois, je professe une honnêteté spéciale. Il ne me viendrait pas à l'esprit de frustrer le fisc non plus que mes matelots de ce qui leur revient dans les prises.

— Ce qui veut dire en bon français ? questionna la jeune femme avec inquiétude.

— En mauvais français, hélas ! madame, reprit Surcouf, cela veut dire que je suis contraint de ramener mes prises à Bourbon où elles seront estimées et vendues au meilleur prix possible.

— Alors ! s'écria-t-elle, en joignant les mains, je puis dire adieu à mes pauvres pianos ! Quel malheur, en vérité, quel malheur !

— Ne vous désolez point, milady. Je vous ai dit que je vous les rendrais.

— Comment pourriez-vous me les rendre, puisqu'ils doivent être vendus ?

— Madame, conclut le jeune corsaire, en riant, c'est mon honneur que j'y engage. Et maintenant, choisissez entre vos compatriotes et vos pianos. Si vous tenez aux derniers, souhaitez que les premiers soient vaincus. »

Sur cette parole ironique, Surcouf prit congé de la prisonnière et regagna son bord où il avait à surveiller les préparatifs de la lutte prochaine.

Les Anglais voulaient la bataille.

On pouvait voir à l'horizon le *Kent*, l'*Eagle* et la *Queen Elisabeth*, s'avancer de front à la rencontre de leurs ennemis.

Il était tout près de cinq heures du soir. Manifestement le combat, s'il s'engageait à pareille heure, serait interrompu par la nuit.

On était à cette époque dangereuse et indécise, entre les moussons, où le vent semble hésiter à prendre sa direction et passe aux quatre points cardinaux.

Surcouf, qui ne négligeait aucune circonstance, fut particulièrement impressionné par une brusque saute du nord-est au sud ; il appela Clavaillan.

« Jacques, dit-il, voici qui va contrarier les Anglais, mais qui nous servira en même temps. Je vais tenter quelque chose de ma façon, et je crois que je réussirai.

— Il est dans tes habitudes de réussir », répliqua plaisamment le marquis.

Ainsi qu'il l'avait prévu, fatigués par le vent debout, les vaisseaux anglais n'avançaient plus que péniblement. Il est vrai que la même cause retardait la marche de la *Confiance* laissée en arrière, avec le *Good Hope*.

A la chute du jour, les deux navires étaient à portée de canon des vaisseaux anglais. Surcouf leur enjoignit aussitôt d'ouvrir le feu, sans ralentir leur marche, afin d'attirer l'escadrille le plus avant possible.

Car il redoutait la brusque survenance du reste de la flotte anglaise et voulait s'accorder le loisir de combattre les trois chefs de file au plus tôt.

La *Confiance* obéit strictement, et, sous les premières ombres, une longue détonation annonça que les Français n'avaient pas attendu le feu de l'ennemi.

C'étaient d'excellents pointeurs que les corsaires. Ce premier coup eut une merveilleuse portée. Il atteignait l'*Eagle*, auquel il emporta le beaupré avec une partie du gaillard d'avant, ce qui contraignit la corvette à stopper.

Les deux autres vaisseaux, craignant de se perdre dans les ténèbres, mouillèrent à leur tour sur un haut fond de l'île et attendirent le jour.

La *Confiance* en profita pour évoluer à l'avant du *Kent*, auquel le *Good Hope* envoya une double volée de ses pièces de retraite, tuant et blessant une quinzaine d'hommes.

Furieux, l'Anglais riposta à outrance et creva la hanche du *Good Hope* à tribord. Le pauvre navire blessé dut s'enfuir pour échapper à une seconde décharge.

C'était le moment choisi par Surcouf pour accomplir son trait d'audace.

Il avait relevé très exactement la situation des vaisseaux anglais.

Entre le *Kent* et la *Queen Élisabeth* s'ouvrait un passage à peine suffisant pour qu'un vaisseau passât au risque de se voir foudroyer par les deux adversaires à la fois.

Ce fut pourtant là le parti que prit le redoutable corsaire.

La nuit était devenue tout à fait noire. Couvrant ses feux, démasquant les cinquante pièces de sa batterie, Surcouf prit le vent dans toutes ses voiles et courut droit aux deux vaisseaux anglais.

Il était deux heures à peine du matin, et la canonnade entre la *Confiance* et le *Kent* avait pris fin depuis dix heures du soir. Les équipages harassés, ne soupçonnant point une agression nocturne, se reposaient en toute sécurité.

Le *Revenant* avait pour lui, par-dessus tout, sa prodigieuse vitesse.

Mais pour tenter une telle manœuvre, il fallait des matelots prodigieux.

Il fallait, en outre, le chef incomparable auquel ils s'étaient donnés aveuglément.

Le terrible corsaire s'élança donc, vent arrière, avec une formidable vitesse.

Il arriva ainsi à une encablure de la *Queen Elisabeth*, sans qu'on l'eût vu venir. Mais, à ce moment, la vigie jeta le signal d'alarme, appelant tout le monde sur le pont. La circonstance était prévue. Surcouf avait pris ses précautions. Toute la batterie de tribord envoya sa bordée à la corvette.

Ce fut effroyable. Trente hommes tombèrent ; l'artimon, haché, s'abattit sur le gaillard d'arrière. La confusion fut inexprimable.

« Feu ! » ordonna désespérément le commandant Peterson.

Il était trop tard. Emporté par sa fulgurante vitesse, le *Revenant* était passé, envoyant sa bordée de bâbord au *Kent* à peine réveillé.

La riposte des vaisseaux anglais n'atteignit qu'eux-mêmes.

Et pendant les deux heures de nuit qui restaient à courir, le *Kent* et la *Queen Elisabeth* se canonnèrent avec une stupide fureur.

A l'aube, ils s'aperçurent de leur désastreuse erreur et cessèrent le feu.

Hélas ! Elle avait été effroyable, cette confusion. Le *Kent* avait vingt boulets dans sa coque ; la *Queen Elisabeth*, outre son artimon rasé, avait eu son gouvernail brisé.

Pendant ce temps, le corsaire revenait sur ses pas et rejoignait Jacques émerveillé.

« Hein ! lui dit-il, tandis que ses matelots riaient à gorge déployée, crois-tu que ça a assez bien réussi ? Les voilà en train de se bombarder à qui mieux mieux. Nous n'aurons plus qu'à ramasser les blessés et les morts. »

Et il riait lui-même du succès de son stratagème, montrait son équipage au complet, sa carène intacte. Puis, après avoir fait distribuer double ration de vin et d'eau-de-vie et trinqué avec l'équipage entier, il dit :

« Allons ! que tout le monde aille dormir. C'est un repos bien gagné, et il reste encore beaucoup d'ouvrage pour demain. »

L'ordre fut exécuté sur-le-champ. Les matelots ne demandaient qu'à dormir.

Tandis qu'ils regagnaient leurs hamacs, Surcouf faisait mettre un canot à la mer et, conduit par six rameurs de la *Sainte-Anne*, accompagné de Jacques de Clavaillan, allait complimenter les marins de la *Confiance* et ceux du *Good Hope*, les plus éprouvés par le feu de l'ennemi.

CHAPITRE XIII
BRANLE-BAS DE COMBAT

Le jour se leva enfin, un jour clair, lumineux, mais dont l'ardeur torride se trouvait atténuée par les souffles d'une brise fraîche.

L'heure de la grande bataille avait sonné.

Déjà, sur les rivages de l'îlot, les prisonniers, lady Stanhope en tête, étaient accourus pour assister aux péripéties du combat. Toute la nuit ils avaient été tenus en haleine par le bruit du canon.

Ils avaient vu la mer s'illuminer au large des rapides éclairs des bouches à feu. Haletants d'angoisse, sentant que leur destinée se jouait sur l'abîme sans qu'ils pussent aider au dénouement, ni prêter la main à leurs compatriotes, ils avaient appelé le jour de tous leurs vœux, espérant que la victoire appartiendrait aux Anglais.

Car ils ne pouvaient croire que les corsaires eussent l'audace de s'attaquer à la marine régulière de la Grande-Bretagne, à une frégate flanquée de deux corvettes de Royal Navy.

Et cependant, cette invraisemblable hypothèse, ce jour qu'ils appelaient de tous leurs vœux enfin allait la leur montrer réalisée.

Dès que les premières brumes furent dissipées, on put voir de la côte les trois vaisseaux de guerre s'avancer résolument.

Les Anglais prenaient l'offensive. Ils jouaient leur va-tout.

La lumière leur avait permis de reconnaître les avaries subies par leur propre maladresse et de quelle ridicule façon ils s'étaient laissé jouer par leur ennemi.

Et maintenant, la rage au cœur, altérés de vengeance, ils brûlaient de faire expier à l'audacieux corsaire l'humiliation qu'ils avaient subie.

Mais Surcouf était déjà prêt à la lutte. Les équipages, reposés et frais, faisaient des gorges chaudes sur l'incident de la nuit. Tous les hommes aptes à la lutte, la hache et le sabre d'abordage au poing, s'apprêtaient à fondre sur leurs adversaires.

Ils avaient eu l'avant-goût de la victoire. Ils entendaient bien l'achever.

Au moment d'appareiller, Jacques de Clavaillan appela Will.

« Guillaume, mon enfant, lui dit-il, voici la première affaire à laquelle tu vas assister. Elle sera chaude. As-tu peur ? »

Les yeux du mousse étincelèrent et son poing se serra convulsivement.

« Est-ce à moi que vous dites cela, monsieur le marquis ? »

Jacques eut un bel éclat de rire, et, frappant sur l'épaule du gamin :

« Bravo ! fit-il, voilà la meilleure réponse, « monsieur le marquis », rien que ça ! Morbleu ! Tu me rappelles la réplique de Rodrigue à son père, dans le Cid. Je vois que tu seras crâne. Viens çà, et embrasse-moi comme un frère. »

Guillaume se jeta éperdument dans les bras de son chef.

Celui-ci reprit, après un examen scrupuleux du mousse :

« Tu n'as pas beaucoup plus de treize ans, je crois, mais tu en marques dix-sept ou dix-huit. Songe que les goddems ne t'épargneront pas. Fais donc bien ta besogne, et ne ménage personne, quand nous aborderons, car il est certain que nous irons à l'abordage, mon gars. »

Il n'avait pas fini de parler que le signal de l'attaque était hissé au grand mât du *Revenant*.

Répondant au défi des Anglais, Surcouf courait sus à l'ennemi.

Les forces des deux partis étaient à peu près égales, bien que l'Anglais n'eût que trois bâtiments à opposer aux quatre des Français.

Mais le *Good Hope*, avec ses deux pièces de retraite, ne pouvait être tenu pour un combattant. D'ailleurs, le Malouin n'entendait l'utiliser que comme un stratagème.

Son ordre de bataille était fort simple.

A la tête du *Revenant*, il allait attaquer personnellement le *Kent*. Clavaillan et la *Sainte-Anne* se porteraient sur l'*Eagle*, pendant que la *Confiance* se mesurerait avec la *Queen Elisabeth*.

Surcouf attirerait insensiblement la frégate jusqu'à ce qu'elle fût à portée du *Good Hope*. A ce moment les quelques gaillards résolus que conduisaient Evel et Ustaritz accrocheraient le navire anglais capturé à l'arrière du grand vaisseau, et pendant que celui-ci s'efforcerait de se dépêtrer de cet obstacle imprévu, le corsaire le mitraillerait sans relâche.

L'ordre fut exécuté au pied de la lettre.

Le commodore John Harris, si présomptueux et si plein de morgue dédaigneuse à l'encontre de son subordonné, le commandant Peterson, ignorait l'habileté stratégique de Surcouf et ne voulait point y croire.

C'était d'ailleurs la première fois que le Malouin faisait acte de chef d'escadre. Son génie, prompt aux rapides assimilations, allait emprunter à

Nelson lui-même l'audacieuse méthode qui avait assuré au grand marin anglais sa double victoire d'Aboukir et de Trafalgar.

En voyant les quatre bâtiments français venir à leur rencontre, les marins du roi George n'en purent croire leurs yeux.

Il leur fallut pourtant se rendre à l'évidence lorsque, parvenus à un quart de mille de leur ligne, simultanément le *Revenant*, la *Sainte-Anne* et la *Confiance* évoluèrent dans le vent et firent pleuvoir sur les vaisseaux anglais un véritable déluge de fer.

Une décharge de mitraille tua trente hommes à bord du *Kent*.

En même temps un boulet ramé emporta la moitié de la passerelle, et, avant que l'équipage eût pu déblayer le pont, dix canons de la batterie crevèrent le flanc de la frégate, éteignant ses pièces de tribord. La lutte était mal engagée.

John Harris le comprit. Pesamment le *Kent* vira et envoya sa bordée. Trop tard. Déjà le rapide navire passait avec une fulgurante vitesse sous la hanche de son lourd adversaire. Le feu de celui-ci ne fit que raser son gaillard et lui tuer ou blesser cinq hommes.

En revanche, il prit en enfilade l'Anglais, et des pièces de chasse balayèrent de bout en bout le pont déjà dévasté par la première décharge.

Puis, passant à bâbord, il envoya la bordée de quinze canons dans les œuvres vives du *Kent*.

Ce fut effroyable comme le passage d'une trombe. Le grand mât, haché, s'écroula. La barre fut rompue et le vaisseau, pareil à un cygne auquel on aurait brisé du même coup l'aile et la patte, se mit à dériver misérablement sous les remous.

« Hardi, les gars ! cria le Malouin. Il est à nous ! » C'était le signal.

A ce moment, l'étrave du *Kent* vint frôler l'étambot du *Good Hope*. Une décharge suprême des pièces de retraite de celui-ci fit une trouée dans les rangs anglais, et les vingt hommes d'Evel et d'Ustaritz, se ruant sur le gaillard de la frégate, accrochèrent son beaupré à l'arrière du lourd trois-mâts.

Les marins britanniques s'élancèrent à leur rencontre.

Mais au même instant, l'insaisissable *Revenant* virait pour la troisième fois, et balayait le *Kent* avec sa batterie de tribord.

La frégate était perdue.

Un tiers de son équipage était tombé sous la mitraille. Le reste, plus ou moins blessé, se serrait autour du commodore et de ses lieutenants.

La défaite était lamentable, humiliante au-delà de toute expression.

Mais John Harris était aussi brave que présomptueux. Il voulut faire tête à ses ennemis. Rassemblant ses hommes en carré, il accueillit par un feu de mousqueterie bien nourri les marins du *Revenant* qui s'élançaient à l'abordage et escaladaient l'arrière.

Surcouf perdit là une quarantaine des siens.

Mais le moment d'après les Anglais, sabrés, hachés, réduits à la proportion d'un homme sur quatre, étaient contraints de mettre bas les armes.

Le vainqueur laissa au commodore son épée.

Aussi bien l'ennemi méritait-il ce suprême honneur.

John Harris était étendu sur le pont, enveloppé dans le pavillon britannique, le corps et les membres troués de huit blessures.

« Je ne m'attendais pas à être vaincu par vous, monsieur Surcouf, murmura le glorieux vaincu quand il fut en présence du corsaire.

— Ce n'est pas un médiocre honneur pour moi, monsieur, expliqua celui-ci. Votre Seigneurie a fait tout son devoir. Vous tombez en héros. J'en rendrai témoignage à l'Amirauté anglaise. »

Il donna l'ordre d'emporter avec précaution le blessé qu'il fit déposer dans sa propre cabine à bord du *Revenant*.

Puis, amarrant la frégate prise au *Good Hope*, il se disposa à revenir à la charge contre les deux corvettes.

La *Queen Elisabeth* luttait désespérément contre la *Confiance*. Démâtée, transformée en ponton, n'ayant plus qu'un homme valide sur dix, elle refusa d'amener son pavillon.

Debout, à l'arrière, le bras en écharpe, l'héroïque commandant Peterson salua d'une dernière décharge la *Confiance*, qui perdit du coup vingt hommes. Puis au cri de : « Vive la Vieille Angleterre ! » la corvette et ce qui restait de son équipage s'engloutirent dans les flots troublés et noircis par les violences de la lutte.

Dans le même temps, Jacques de Clavaillan s'emparait de l'*Eagle*. La bataille avait été chaude sur ce point plus que sur tout autre.

Le brick, rivalisant de vitesse et d'audace avec le *Revenant*, avait passé, toutes voiles dehors, sous les canons de la corvette. Supérieurement servi par ses canonniers, il avait démonté les pièces du pont, éteint le feu des batteries de tribord et logé deux boulets au niveau de la flottaison.

Une volée en retour brisa le gouvernail de la corvette anglaise, un feu de salve admirablement dirigé tua une trentaine d'hommes dans les haubans. Et tout aussitôt les deux bâtiments se trouvèrent bord à bord. L'Anglais tenait bien. Un ouragan de plomb et de mitraille passa sur la *Sainte-Anne*, trouant des têtes et des poitrines, fauchant des jambes et des bras, amoncelant les cadavres.

Et quand il fut passé, Guillaume, frémissant, enivré par la poudre, tenant une hache dans la main gauche, un pistolet dans la droite, se vit debout sans une égratignure, aux côtés de son commandant, intact, lui aussi.

C'était le moment attendu par Clavaillan.

La *Sainte-Anne* avait pris le vent. Elle vint donner à toute volée dans la joue de bâbord de l'*Eagle* et engagea son beaupré dans celui de l'Anglais. Le choc fut formidable.

Mais les matelots étaient prêts. Ils s'étaient rassemblés en masse compacte autour de leur commandant. Tous ensembles s'élancèrent à l'abordage de la corvette, tandis que six des pièces du brick faisaient feu simultanément sur le pont de l'ennemi.

En ce moment Will se sentit saisir par le bras gauche. En même temps, une voix bien connue lui cria à l'oreille :

« Hé ! pitchoun, ça chauffe pour le présent. On va en découdre avec les Ingliches. N'as pas peur. On est près de toi.

— Comment, se récria l'enfant, toi ici, Piarrille ? Je te croyais sur le *Good Hope* avec Evel ?

— Nous y étions, té. Mais il n'y a plus rien à y faire pour le quart d'heure. Tout est fini. Alors, tu comprends, rien ne pouvait nous empêcher, Evel et moi, de venir rejoindre le commandant. »

Mais déjà l'attaque était commencée. Les marins de la *Sainte-Anne* se ruaient fiévreusement sur le pont de l'*Eagle*.

Ils y furent vaillamment reçus.

Les Anglais se battaient avec le courage du désespoir.

Déjà le commandant George Blackford avait pu constater que la bataille était perdue.

Du haut de son gaillard, il avait vu la prise du *Kent* et deviné celle de la *Queen Elisabeth*.

Il ne lui restait plus qu'à mourir en vendant chèrement sa vie.

Debout, au milieu de ses hommes, il dirigeait le feu avec le sang-froid de sa race et regardait la mort venir sans fléchir à son approche.

Une multitude de combats s'étaient engagés sur le pont.

Jacques de Clavaillan, l'épée à la main, avait déjà fait sa trouée.

Il était passé, s'ouvrant un chemin sanglant dans les rangs des Anglais.

Autour de lui les corsaires multipliaient leurs exploits, une nappe rouge s'étendait sur le plancher ciré, et les pieds nus des matelots clapotaient dans le sang chaud, coulant des blessures affreuses à voir. Cependant l'ennemi résistait encore avec une formidable ténacité.

Clavaillan se dit qu'il n'aurait raison de cette résistance qu'en abattant le chef vaillant qui la dirigeait.

Il promena autour de lui un rapide regard.

Il aperçut Evel et Ustaritz à ses côtés, luttant en héros.

« Garçons, leur cria-t-il, déblayez-moi un peu la place, de manière que je puisse rejoindre le commandant anglais. J'ai un compte personnel à régler avec lui. »

En un clin d'œil, la hache ou le sabre eurent taillé une brèche dans la haie vivante qui entourait l'officier du roi George.

Alors le marquis s'avança l'épée haute et cria :

« Monsieur George Blackford, j'ai un mot à vous dire. »

Cette parole, jetée comme une phrase de politesse, frappa de stupeur l'assistance. Le combat fut un moment suspendu.

L'Anglais s'avança sur le front de la petite troupe qui se défendait encore et répondit avec hauteur :

« Je ne sais ce que vous avez à me dire ; je consens pourtant à vous écouter. »

Jacques ôta de son justaucorps un flot de rubans jaunes.

« Monsieur, dit-il, ces rubans m'ont été donnés par une de vos parentes... pour la rappeler à votre souvenir.

« Je suis le marquis Jacques de Clavaillan, lieutenant de Surcouf.

« Je vous offre de vous rendre à moi avec vos hommes, vous engageant ma parole de gentilhomme que vous serez traités les uns et les autres avec égard et déférence.

— Et si je refuse, monsieur ? riposta l'Anglais dédaigneux.

— J'ai une seconde alternative honorable à vous offrir. Vous sortirez seul des rangs et j'aurai l'honneur de croiser le fer avec vous.

« Si je vous tue, vos hommes se rendront à discrétion, et ils seront traités en adversaires particuliers, c'est-à-dire que je leur rendrai la liberté sans condition.

— Et si je vous tue, moi ?

— En ce cas la lutte continuera jusqu'à ce que l'*Eagle* soit pris. »

George Blackford souleva son chapeau et salua :

« Monsieur le marquis de Clavaillan, je suis votre homme. Défendez-vous. »

Et il marcha sur le jeune chef.

« Un instant, fit celui-ci, je dois vous remettre les rubans de votre aimable parente. Souffrez que je les mette à votre portée. »

Ce disant, Jacques de Clavaillan embrochait le flot de rubans avec son épée et tombait en garde présentant l'arme ainsi enguirlandée.

Le duel commença aussitôt, à la face des deux corps hostiles. Les deux adversaires étaient de même taille et presque du même âge.

Plus grand et plus corpulent, l'Anglais avait sur le Français l'avantage de son poids et de son volume. Le corsaire, il est vrai, compensait cette disproportion par une souplesse et une agilité incomparables.

La lutte ne pouvait qu'être mortelle.

Tous comprenaient que chacun des deux champions combattait tant pour lui-même que pour l'honneur de son peuple et de son pavillon. Leur acharnement en devait être doublé, leur victoire d'autant plus méritoire.

Ce fut, pendant quelques minutes, un cliquetis formidable de lames heurtées.

L'acier résonnait avec des vibrations argentines, et le spectacle était si captivant, qu'un silence prodigieux régnait sur le pont de la corvette.

Tout à coup, emporté par un élan irréfléchi, George Blackford se fendit à fond, portant au jeune lieutenant de Surcouf un coup d'allonge démesuré.

L'attaque glissa sur le fer de Clavaillan, qui, prompt comme la foudre, riposta par un dégagé furieux, en coups à coups.

Les deux hommes étaient si près l'un de l'autre que l'épée du marquis tout entière disparut dans la poitrine de son ennemi.

George Blackford se redressa, étouffé par le sang, battit l'air de ses bras et tomba comme une masse sur le pont.

Il était mort.

« Bas les armes ! » cria Jacques en élevant son fer sanglant.

Mais au lieu de se conformer aux clauses du combat singulier, les marins survivants de l'*Eagle* firent entendre un rugissement de colère, et, poussant un hourra de défi, se ruèrent sur les Français.

Jacques était au premier rang. Il n'avait pas prévu le choc.

Son pied glissa dans une flaque de sang et chancela.

En même temps un Anglais, de stature gigantesque, s'élança sur lui, la hache levée, prêt à lui fendre le crâne.

Autour de lui la mêlée était furieuse. Les marins anglais se défendaient avec le courage du désespoir.

Clavaillan para du bras gauche le coup qui lui était porté. L'arme glissa, lui entaillant l'épaule.

Mais elle se releva, et derechef le commandant fut à la merci de son adversaire, ne pouvant lutter dans la position où il se trouvait.

Brusquement l'Anglais chancela, en jetant une sourde imprécation.

En même temps un coup de feu éclatait aux oreilles de Clavaillan, une main le saisissait sous le bras et l'aidait à se redresser.

« Hardi, commandant ! L'homme est mort ! » cria une voix claire.

Il se retourna. Guillaume Ternant était à ses côtés, tenant à la main son pistolet encore fumant.

La lutte d'ailleurs était finie. Une quinzaine de matelots tenaient encore.

Voyant l'inutilité d'une plus longue résistance, ils jetèrent leurs armes et se rendirent.

On les entoura vivement et on les fit passer sur la *Sainte-Anne*.

Alors seulement le vaillant brick, traînant la corvette à sa remorque, rallia les trois vaisseaux victorieux.

Surcouf ouvrit ses bras à Jacques de Clavaillan et l'embrassa à la vue de tous les équipages. Puis il donna l'ordre d'un repos bien gagné.

Il était trois heures de l'après-midi. Vers six heures du soir, les vaisseaux accostèrent l'îlot afin d'y procéder à l'enterrement des morts et à l'installation à terre, pour quelques jours, des blessés le plus gravement atteints.

Au nombre de ceux-ci se trouvait le commodore John Harris.

Le Malouin veilla sur lui avec le soin d'un père pour son enfant.

On construisit pendant la nuit un baraquement de planches à l'extrémité de l'île la plus éloignée du campement des prisonniers.

Ce fut également pendant cette nuit que les tristes restes de ceux que la mer n'avait pas engloutis furent confiés à la terre.

Le lieutenant Jacques de Clavaillan, Surcouf et tous les équipages de corsaires accompagnèrent à sa dernière demeure le commandant George Blackford, mort en héros sur le pont de la corvette *Eagle*.

Un quartier de roche détaché du granit, une croix de bois sur laquelle le nom de l'officier fut gravé grossièrement marquèrent la place de sa sépulture.

Ces devoirs rendus aux vaincus, les Français payèrent à leurs propres morts le tribut d'honneur qu'ils leur devaient.

CHAPITRE XIV
APRÈS LA BATAILLE

Ce matin-là, Surcouf et Jacques de Clavaillan embarquèrent dans le canot-major du corsaire et se firent porter à terre.

Hélas ! le petit camp était morne. Une immense désolation y régnait.

Les prisonniers, en effet, avaient pu assister à la lutte, en suivre toutes les péripéties, en contempler la dramatique terminaison.

Bien que les vainqueurs eussent apporté la plus courtoise discrétion dans la joie de leur victoire, les vaincus n'avaient pas été sans voir de loin le débarquement des blessés et les funérailles des morts.

Et, maintenant, toutes leurs espérances étaient évanouies. Ils étaient à la discrétion des corsaires, d'autant plus triomphants qu'ils venaient de vaincre une flottille régulière et des marins de Sa Majesté Britannique.

Quelle allait être la destinée des captifs ? En des temps encore un peu éloignés, les Anglais avaient fait courir sur leurs ennemis les bruits les plus déshonorants.

N'avait-on pas raconté, en effet, que Surcouf et ses hommes vendaient les blancs prisonniers comme esclaves aux chefs nègres de la côte ?

Et, bien que, depuis lors, le jeune chef se fût signalé par des actes de générosité auxquels ses adversaires eux-mêmes avaient dû rendre justice, les vieilles calomnies hantaient encore quelques imaginations peureuses. Ce fut donc avec une angoisse très réelle que les captifs virent le canot qui portait Surcouf et son lieutenant se détacher du *Revenant* pour venir vers la terre.

Les propos les plus désobligeants commencèrent à circuler.

Une vieille femme, que ce séjour de quarante-huit heures sous la tente avait exaspérée, se montra particulièrement acerbe en ses récriminations contre les « pirates ».

« A présent qu'ils sont rassurés contre la menace d'une intervention de notre flotte, ils vont entièrement nous faire subir les pires traitements. Attendons-nous à nous voir entassés à fond de cale et jetés sur quelque rivage de l'Arabie ou de l'Afrique, à moins qu'ils ne préfèrent nous abandonner ici même en nous laissant mourir de faim.

— Oui, ajouta une autre, et l'on raconte des horreurs sur leur compte. On dit que, quand il y a des enfants pris, ils les donnent aux cannibales qui les mangent. »

Un cri d'horreur accueillit cette abominable hypothèse, et les malédictions gratuites se mirent à pleuvoir sur les « Damned Frenchmen », capables de tous les crimes.

Par bonheur, lady Stanhope remit un peu de calme dans les esprits.

« Vous êtes tous des poules mouillées, dit-elle d'une voix ferme. Est-il raisonnable de supposer tant de cruauté en des ennemis qui, jusqu'ici, ne nous ont donné que des marques de courtoisie ? Vos craintes sont ridicules. »

La réflexion porta et les accusatrices se turent.

Toutefois, celle qui avait parlé la première ne voulut pas se laisser démentir sans esquisser une timide dénégation. Elle murmura à demi-voix :

« Il est certain qu'ils ne se sont pas trop mal conduits jusqu'ici. Mais ce n'était peut-être que de l'hypocrisie de leur part.

— En ce cas, attendons qu'ils se démasquent pour les juger », reprit lady Stanhope.

Cette parole rétablit définitivement la paix dans le petit camp.

Aussi bien le canot venait-il de toucher terre, et l'on pouvait voir Surcouf et son compagnon, suivis de quelques hommes, s'avancer vers le campement.

Lorsqu'il y fut parvenu, le Malouin s'adressa, par rang de préséance, à lady Stanhope en personne, respectant en elle la femme de qualité.

« Milady, commença-t-il, j'ai à vous faire mes excuses au sujet d'une détention qu'il n'a pas dépendu de moi de faire cesser plus tôt. Je viens cependant vous annoncer qu'elle touche à son terme.

— Comment devons-nous entendre vos paroles, monsieur ? questionna la jeune femme.

— Mais dans le seul sens qui leur convienne, milady ; j'ai eu l'honneur de vous dire, avant-hier, que, quelle que fût l'issue du combat, vous recouvreriez votre liberté. Cette promesse, je viens la mettre à exécution. »

Il parlait en anglais, et tous ceux qui entouraient la belle patricienne profitèrent de cette généreuse déclaration. Un murmure de joie courut dans l'assistance, et peu s'en fallut que les mêmes personnes qui naguère chargeaient outrageusement les corsaires n'éclatassent en applaudissements.

Lady Stanhope, qui triomphait, modéra néanmoins son enthousiasme.

« La liberté est une excellente chose, monsieur Surcouf, dit-elle, et personne ne l'apprécie plus que moi. Encore faut-il qu'on en puisse jouir. »

Le Malouin répliqua :

« Je le pense, comme vous, madame, mais je ne me rends pas un compte très exact du sens de vos paroles. Voudriez-vous me les expliquer ? »

Lady Stanhope exprima toute sa pensée :

« Monsieur, la liberté de mourir de faim et de soif est de celles dont l'homme ne saurait se réjouir. Or, il me semble que, sur ce rocher, il n'y ait point de place pour d'autre liberté. »

Le corsaire salua poliment et répondit avec un sourire ironique :

« En vérité, milady, je ne croyais pas avoir encouru une semblable méfiance de votre part. Est-il un seul de mes actes qui puisse justifier cette appréhension d'abandon que vous me faites connaître sans déguisement ? »

Elle parut touchée du reproche que son insinuation avait mérité.

« Je reconnais que j'ai parlé trop tôt, monsieur, et, pour vous mieux faire amende honorable, je garderai le silence jusqu'à ce que vous nous ayez tout dit. »

Alors, très galamment, le Malouin poursuivit :

« Voici ce que j'ai à vous faire connaître, madame. Le génie protecteur de la France nous a donné l'avantage sur vos compatriotes. Robert Surcouf et Jacques de Clavaillan, d'abominables corsaires, comme chacun sait, ont défait Sa Seigneurie le commodore John Harris et ses lieutenants James Peterson et George Blackford. La frégate *Kent*, les corvettes *Eagle* et *Queen Elisabeth* sont tombées en notre pouvoir. Des trois officiers vaillants qui les commandaient un seul est vivant, c'est le commodore John Harris. Nous l'avons transporté, ainsi que plusieurs autres blessés, dans des baraquements que nous avons construits à la hâte et que vous pouvez voir, d'ici, à un demi-mille à l'est de cette île. Il y a des soins à donner à ces braves gens, et c'est pour régler cette question que je suis venu m'entretenir avec vous, milady. »

La jeune femme s'émut de cette déclaration. Elle dit avec noblesse :

« Vous ne doutez point, j'imagine, monsieur Surcouf, que des femmes anglaises ne s'emploient de tous leurs moyens au soulagement de leurs compatriotes. Que devons-nous faire, à votre avis, pour leur assurer des soins ?

— Madame, reprit le corsaire, il y a parmi les blessés des hommes que je crois difficilement transportables en ce moment, et pour lesquels le séjour dans cette île, malgré le peu de confortable qu'elle présente, est néanmoins indispensable. D'autres, au contraire, peuvent, dès à présent, repartir pour l'Inde. Je vous propose donc d'embarquer sur l'un des deux vaisseaux que je mets à votre disposition toutes les personnes valides et les matelots susceptibles de servir à la manœuvre. Nous sommes à six jours à peine de Bombay. Ceux-ci gagneront les possessions anglaises et préviendront les autorités des événements accomplis. On enverra alors des transports mieux aménagés pour recueillir et porter dans l'Inde tous ceux des blessés qui auront survécu.

— Ceci est très judicieusement raisonné, monsieur. Mais que feront ces blessés dans l'intervalle de l'aller et du retour des navires ? »

Surcouf hocha la tête. Il était évident que le problème était délicat.

« Il faut compter deux semaines environ, dit-il, pour que leur transport soit possible. Je me ferais un devoir de les emmener avec moi, si leur situation même ne réclamait les plus grands ménagements. Mais il m'est impossible de demeurer dans ces parages où je cours le risque d'avoir à me mesurer une seconde fois avec les vaisseaux du roi George. Or, quelque honneur que j'y puisse récolter, je ne me soucie pas de courir de tels risques. Veuillez considérer, en outre, que j'ai moi-même des blessés à mon bord, et que je dois au plus tôt leur assurer des soins. Tout ce que je puis faire, c'est donc de laisser à terre les vivres et les ustensiles suffisants pour permettre de soigner vos compatriotes dans la mesure du possible. Je vais faire débarquer toutes les caisses de provisions et de remèdes disponibles. Je profiterai de votre présence pour organiser la répartition des secours entre tous et préparer le départ de ceux qui peuvent reprendre la mer. »

L'Anglaise tendit sa main fine et blanche au corsaire.

« En vérité, monsieur, il est impossible d'agir plus franchement que vous ne le faites. J'aurais honte de rester inférieure à votre propre générosité. Assurez donc le départ de ceux qui doivent s'embarquer les premiers. Pour moi, ma place est marquée au chevet des blessés. Je demeurerai donc dans l'île jusqu'au retour des navires anglais, avec ceux ou celles de nos compatriotes qui consentiront à se faire mes auxiliaires.

— Vous êtes une vaillante femme, milady », prononça Surcouf avec émotion.

Et il s'inclina sur la main qu'on lui tendait pour la porter à ses lèvres.

Les préparatifs furent activement poussés pour le premier départ. De tous les bâtiments engagés, c'était le *Good Hope* qui avait le moins souffert. En conséquence, calfats et marins se multiplièrent pour réparer les avaries et le mettre en état de reprendre la mer le jour même. On y installa tous les matelots anglais et ceux des prisonniers du convoi qui avaient hâte de regagner la côte de Coromandel.

Avec le reste, on aménagea du mieux qu'on put les baraquements élevés en hâte la nuit précédente. Guidés par Clavaillan, Evel et Ustaritz, qui avaient vécu longtemps dans l'Inde, parvinrent à construire une petite maison de bois dans une vallée de l'îlot où croissaient quelques arbres, au niveau d'un ruisseau dont l'eau claire et le gazouillement continu donnaient un coin de fraîcheur à ce coin du rocher désert.

On y transporta avec précautions le commodore John Harris et ses compagnons les plus grièvement blessés. Clavaillan, qui possédait quelques notions de médecine, s'improvisa chirurgien pour la circonstance, lava habilement toute les plaies et montra à lady Stanhope le moyen de continuer ces soins un peu rudimentaires.

Dans la nuit qui suivit, le Breton et le Basque, aidés de Will, qui décidément devenait un homme, érigèrent, à côté de l'appentis principal qu'ils dénommaient « l'hôpital », une petite cabine à laquelle ils travaillèrent avec une véritable coquetterie.

Ils en goudronnèrent les joints et les fentes, en tapissèrent les cloisons de nattes, en couvrirent la toiture de bâches et de toiles à voiles.

Ils en battirent la terre avec soin, après l'avoir nivelée et ratissée, et la couvrirent d'un lit de feuilles sèches. Après quoi, ils la divisèrent en trois compartiments dont le plus vaste reçut un hamac, un banc de buis, une table, tout un assortiment de toilette pris à l'aménagement des bâtiments du convoi, et quelques livres empruntés à la bibliothèque du *Revenant* et de la *Sainte-Anne*.

Ces préparatifs terminés, Will alla en personne chercher lady Stanhope.

« Milady, lui dit-il en saluant le plus galamment qu'il put, voici la chambre que nous pouvons mettre à votre disposition. Pardonnez-nous de ne pouvoir vous en offrir une plus confortable. »

La jeune femme promena en souriant les regards autour d'elle.

« Mais, en vérité, mon garçon, elle est superbe, cette chambre. Je n'ai jamais été mieux logée en mes voyages. Êtes-vous artiste, par hasard ? »

Et comme l'enfant s'excusait, en rougissant, la grande dame se mit à le considérer avec sympathie, l'interrogea sur ses origines, sur sa famille et parut émue d'apprendre qu'il avait laissé sa mère et sa sœur aux Indes.

« Will, demanda-t-elle, c'est à Madras, chez lady Blackwood, femme du gouverneur, que je dois me rendre. Vous plairait-il que je me chargeasse de vos commissions pour votre mère et votre sœur ? »

Les yeux de Guillaume Ternant s'allumèrent d'un éclair qui brilla à travers des larmes, et ce fut d'une voix tremblante qu'il répondit :

« Oh ! milady, je n'ose vous demander une telle marque de bienveillance. Il n'y a pas encore trois ans que je les ai quittées, et il me semble qu'il y a un siècle. Elles doivent me croire mort.

— Eh bien, mon enfant, répliqua la jeune femme, je vous promets qu'en arrivant dans l'Inde, avant toute chose, je m'acquitterai de votre commission. J'irai voir votre mère, à Ootacamund, pour lui dire que son fils est un brave et gentil garçon, dont elle peut être fière à tous les égards. »

Cette nuit fut la dernière que les équipages de Surcouf passèrent dans l'archipel des Maldives. A l'aube, le *Revenant*, la *Sainte-Anne* et la *Confiance* étaient prêts à l'appareillage. On était dans la belle saison et le vent soufflait du nord.

Pour la dernière fois, Surcouf et Clavaillan descendirent à terre.

« Il ne me reste plus qu'à vous faire mes adieux, milady, dit le Malouin, en vous demandant pardon, une fois de plus, du trouble apporté à votre voyage. Je me plais à espérer qu'indépendamment des navires que vous attendez, la flotte anglaise du golfe du Bengale aura l'idée de pousser une reconnaissance de ce côté. En ce cas, ce serait votre délivrance plus prochaine.

— Monsieur, riposta l'aimable femme, j'aurai sans doute toujours le regret d'avoir fait votre connaissance en de pareilles circonstances, mais nullement celui d'avoir serré la main au plus chevaleresque des Français. »

Et, comme ils s'inclinaient pour la remercier, elle ajouta :

« N'oubliez pas mes pianos, monsieur Surcouf et monsieur de Clavaillan.

— Nous n'aurions garde, milady, fit Jacques. Si aucun boulet anglais ne vient crever nos carènes, vous reverrez vos pianos sains et saufs. »

Ils allèrent, avant de partir, porter leurs compliments au commodore Harris.

« J'espère, dit Surcouf, que Votre Seigneurie ne m'en voudra pas trop de ce qui lui est arrivé, et que, la paix faite, elle gardera bon souvenir de nous.

— Ce sont les hasards de la guerre, monsieur », riposta flegmatiquement l'Anglais.

Une heure plus tard, les trois corsaires, ramenant les navires capturés, reprenaient la route du Sud, se dirigeant vers les îles françaises.

Ainsi prenait fin le glorieux combat des Maldives…

……. ………. …

C'était à Bourbon. Il y avait huit jours que Surcouf était rentré et la cargaison, défalcation faite de la part du jeune corsaire, était au moment d'être vendue aux enchères. Le commissaire du gouvernement présidait lui-même à la vente.

On venait de liquider ainsi un stock considérable de marchandises que leur origine européenne avait fait monter à des prix très élevés, lorsque les équipages nègres et indiens, qui portaient les divers lots à la barre des criées, poussèrent devant eux avec précaution un volumineux objet ou plutôt une caisse gigantesque emmaillotée de paille et de toile d'emballage. En un instant la curiosité du public fut excitée.

« Qu'est-ce qu'il peut y avoir là dedans ? se demandait-on avec stupeur.

— C'est sans doute quelqu'un de ces meubles de prix que les Français confectionnent avec un goût et un talent particuliers, dont les fils de la perfide Albion se montrent le plus avides. »

Or, tandis qu'on papotait sur le sujet, le commissaire des ventes annonça :

« Un piano à queue, de la maison Pleyel, de Paris. »

Il y eut une longue exclamation de surprise autant que d'ignorance.

« Un piano à queue, un piano à queue ! Qu'est-ce que c'est que cela ? »

Et les belles dames de la colonie, les jeunes joueuses de harpe ou de clavecin s'empressaient autour de l'instrument inconnu, désireuses d'en percer le mystère.

La galanterie française a des droits imprescriptibles.

Force fut au commissaire d'enlever au piano ses voiles de bois et de toile.

C'était une façon de table à dos allongé, terminé en pointe, d'où son nom de piano à queue, sur lequel les cordes sonores s'étendaient, prêtes à entrer en vibration au premier ébranlement du clavier.

Aimable jusqu'au bout, le représentant du fisc interrogea l'assistance :

« Est-il une de ces dames qui voudrait bien nous donner une audition ? »

Vingt mains blanches et délicates se tendirent vers les touches blanches.

Il fallait, en quelque sorte, tirer au sort, et ce fut une enfant de seize ans, réputée pour sa virtuosité, qui s'assit devant le clavier.

Alors les cordes vibrèrent, et les notes graves ou aiguës s'envolèrent dans la cadence d'un rythme joyeux, émerveillant l'auditoire.

Et ce fut un spectacle comme jamais on n'en avait vu dans cette salle de vente banale et consacrée aux transactions commerciales. Un véritable concert s'improvisa et des voix fraîches et claires firent écho au chant de l'instrument.

Une bonne heure s'écoula ainsi, pendant laquelle la vente fut suspendue. Et l'étrangeté de l'événement attira tant de curieux que la halle aux ventes ressembla à un théâtre.

Il fallut pourtant interrompre ce concert improvisé.

Le moment était venu d'appeler les enchères sur le féerique instrument.

Il se fit un grand silence dans l'assistance, un silence précurseur d'orage.

« A combien le piano ? jeta l'organe du commissaire.

— Quatre mille francs, répliqua une voix féminine.

— Quatre mille cinq cents, riposta une autre.

— Cinq mille.

— Cinq mille cinq cents.

— Six mille. »

Parvenue à ce chiffre, l'enchère modéra son allure.

« Six mille cent, risqua une dame très élégante.

— Six mille deux cents », intervint un vieillard, un aïeul à l'apparence, au bras duquel s'accrochait une gracieuse fillette de douze ans.

Et pendant quelques minutes, la lutte se poursuivit augmentant les chiffres de quantités proportionnellement décroissantes.

Ceux-ci atteignirent sept mille trois cents francs.

C'était un prix énorme, même pour un piano venant de France.

Le commissaire frappa les deux premiers coups au milieu d'un silence haletant. Puis il leva son marteau pour la troisième fois.

« Dix mille ! » cria une voix mâle, une voix de commandement.

Tout le monde se retourna en proie à une profonde stupeur.

Celui qui venait de parler était Robert Surcouf en personne.

Et, devant cette somme énorme, et qui parut à tous disproportionnée, toutes les compétitions s'effacèrent, l'instrument fut adjugé au corsaire.

Mais cela ne fit que stimuler les curiosités des spectateurs.

Les gloses, les commentaires, les hypothèses se mirent à aller leur train.

« Surcouf qui se porte acquéreur, Surcouf qui enchérit d'un coup.

— Et qui n'enchérit pas à moitié ! Il faut qu'il soit fou.

— Dix mille francs, un piano ! Ça n'a pas le sens commun.

— Qu'est-ce qu'il peut faire d'un piano, ce loup de mer ?

— J'imagine qu'il ne va pas jouer à bord du *Revenant* ?

— Qui sait ? Il veut peut-être faire danser son équipage.

— Avec ça qu'il ne danse pas, son équipage, et à une autre musique.

— Sans compter, ajouta quelqu'un, qu'il en a déjà un pareil à celui-ci, qui lui a été attribué dans sa part de prise. »

Il y eut une nouvelle stupeur.

« Ah ! ça, est-ce qu'il voudrait fonder une maison d'exportation pour instruments de musique ? »

Un éclat de rire accompagna cette réflexion humoristique.

Mais le silence se rétablit promptement. On venait de voir le corsaire escalader la tribune. Le Malouin soulevant son chapeau à cornet fit une brève allocution :

« Messieurs, et vous surtout, mesdames, pardonnez-moi le préjudice que je cause à vos talents en vous enlevant ce piano. J'ai donné ma parole et suis tenu par un vœu. Pour faire danser les Anglais, j'ai les canons du *Revenant*, de la *Sainte-Anne* et de la *Confiance*. Mais j'ai promis à leurs femmes un souvenir des nôtres. Voilà pourquoi je vous enlève ce piano. »

CHAPITRE XV
LADY STANHOPE

Ce soir-là il y avait brillante réception au palais du gouverneur à Madras.

Tout ce que la ville et les environs contenaient de notabilités aussi bien dans le monde de l'armée que dans le monde des colons ou dans le monde du haut commerce s'était donné rendez-vous dans les salons et dans les allées ombreuses dont lady Blackwood faisait les honneurs avec sa grâce charmante de jeune et jolie femme, avec cette exquise urbanité qui est un des apanages de la naissance. Pour chacun, elle avait un sourire, un mot aimable, rappelant à celui-ci un acte de courage, montrant à celui-là qu'elle s'intéressait à ses spéculations ou à ses espérances de planteur.

Elle allait de groupe en groupe, précédée et suivie d'un murmure d'admiration, apportant avec elle la gaîté, faisant jaillir l'esprit, tant il est vrai qu'il suffit de la présence d'une femme jeune et aimable pour répandre partout la joie, pour stimuler l'entrain, pour animer une réunion même composée des éléments les plus divers.

Cette soirée donnée dans les admirables jardins du palais du gouverneur était en l'honneur de lady Stanhope, une amie d'enfance, en même temps qu'une parente de lady Blackwood.

Or, tous les invités étaient maintenant arrivés et l'on attendait encore l'apparition de cette jeune femme que son renom de beauté et ses récentes aventures en mer avaient rendue célèbre dans la ville.

Les plus invraisemblables histoires couraient sur son compte et la curiosité était d'autant plus excitée que depuis un mois qu'elle avait débarqué à Madras, personne ne l'avait encore vue.

A peine descendue depuis une heure au palais du Gouvernement où son amie l'avait accueillie avec les plus grandes effusions d'amitié, lady Stanhope déclarait à cette dernière qu'elle ne lui appartenait qu'un jour ou deux, comptant partir dans le plus bref délai pour Ootacamund.

« Grand Dieu ! s'était écriée la jeune femme, que voulez-vous faire dans ce pays perdu, où je n'ai jamais mis les pieds ? »

Le délicieux visage de la voyageuse s'était fait grave.

« J'ai promis, dit-elle, de faire cette excursion sitôt que je serais remise des fatigues de la traversée, et je sens très bien qu'après-demain je serai tout à fait en état.

— Au moins, avait demandé son amie un peu dépitée, me direz-vous à qui vous avez fait cette promesse solennelle.

— Bien volontiers, sourit lady Stanhope, c'est à un petit mousse français qui faisait partie de l'équipage de Surcouf.

— Vous vous moquez de moi, Lily ?

— Pas le moins du monde, chère. Ce petit mousse a nom Guillaume Ternant. Il est de très bonne famille bretonne. Son père est mort prisonnier des Anglais. Lui, il est parti depuis trois ans et il m'a priée de porter de ses nouvelles à sa mère et à sa sœur qui habitent tout près de Madras.

— Et c'est pour ces Français que vous parlez de me quitter sitôt, Lily ?

— Ce n'est pas vous qui parlez ainsi, Mary ? Certes, je me sens d'autant plus pressée d'accomplir ma promesse que ce sont des Français, c'est-à-dire des ennemis, c'est vrai, mais des ennemis braves et loyaux. »

Ces paroles de la jeune femme caractérisaient bien cette époque, époque grandiose où la lutte âpre et sans merci n'excluait pas cependant une courtoisie toute chevaleresque.

Lady Blackwood s'était levée. Elle tendit la main à son amie.

« Vous avez raison, Lily, ce n'est pas moi qui parlais tout à l'heure, ou plutôt c'était la méchante moi dépitée du départ de son amie. Dites-moi que vous avez oublié…

— Je ne veux pas oublier que c'était à mon sujet que la généreuse Mary devenait égoïste et discourtoise… »

La paix fut scellée dans un sourire et la femme du gouverneur fut la première à faciliter à son amie son prompt départ.

Ce ne fut pas sans une véritable surprise que Mme Ternant et sa fille apprirent qu'une étrangère paraissant de grande naissance et venant de Madras demandait à leur parler. Et quelle ne fut pas leur joie en entendant des lèvres de la jeune femme les bonnes nouvelles que cette dernière leur apportait !

Elles ne se lassaient pas de l'interroger, se faisant à satiété répéter les paroles de l'absent, essayant d'après les descriptions de lady Stanhope de se le représenter.

« Comment est-il grand maintenant ? » interrogeait Mme Ternant.

En souriant, la jeune femme se levait, mettait sa petite main au-dessus de sa tête et disait :

« Comme ça. »

Et la mère se récriait :

« C'est impossible, madame, quand il est parti il était de ma taille.

— Mais il y a trois ans, maman », faisait remarquer Anne, qui n'était pas moins joyeuse que sa mère.

Cependant il y avait un nom que la jeune fille aurait bien voulu prononcer ; elle n'osait pas.

Heureusement, lady Stanhope prévint son désir.

« J'oubliais que j'étais également chargée de toutes sortes de compliments et de souvenirs pour vous, madame, et pour mademoiselle Anne, de la part d'un jeune officier de votre connaissance, M. Jacques de Clavaillan. »

La jeune fille rougit de plaisir. C'était plus qu'il ne lui en fallait pour lui faire prendre patience et pour la rendre heureuse jusqu'au retour de son frère et de son fiancé.

En partant, la jeune femme comptait, sitôt sa commission faite, prendre le chemin du retour, mais voilà qu'avec sa nature fantasque, elle se prit d'affection pour les deux Françaises, qui de leur côté se mirent bien vite à chérir celle qui n'avait pas hésité à quitter ses amis et sa luxueuse installation de Madras, pour venir presque dans les montagnes, dans un pauvre petit pays perdu, trouver deux étrangères afin de leur parler de l'absent aimé.

Aussi un mois s'écoula presque et lady Stanhope n'avait pas encore songé à quitter Ootacamund. Ce fut une lettre de son amie, lettre à la vérité un peu acrimonieuse, qui vint la décider.

Elle répondit aussitôt en s'excusant et en faisant de si gentilles protestations de repentir que lady Blackwood sans rancune prépara une grande soirée pour le retour de l'enfant prodigue...

C'est ainsi qu'à minuit moins cinq minutes on attendait encore dans le palais de Madras l'apparition de la capricieuse jeune femme.

Enfin, comme l'heure fatidique sonnait à toutes les horloges, lady Blackwood, qui avait disparu depuis un instant, se montra tout à coup donnant le bras à son amie.

Certes, c'était là une charmante façon de la présenter, mais peut-être bien y entrait-il un peu de coquetterie de la part de la jolie patricienne.

Si le rapprochement d'une vilaine figure fait quelquefois mieux ressortir un beau visage, rien sûrement ne met plus en valeur une jolie femme, surtout comme en cette occasion, lorsque l'une est blonde, ce qui était le cas de lady Blackwood, et l'autre brune comme lady Stanhope.

Ce fut par le plus flatteur des murmures qu'on accueillit les deux jeunes femmes, et l'encens d'admiration qui montait vers elles et qu'elles respiraient avec délices ne contribuait pas pour peu de chose au rayonnement de leur beauté.

Les yeux brillants, les lèvres souriantes, le teint animé, elles se sentaient pleines de reconnaissance et d'affection l'une pour l'autre et répondaient par des rires joyeux ou des reparties malicieuses aux compliments qui leur étaient adressés de tous côtés.

Cependant il leur fallut se séparer : lady Blackwood, appelée par ses devoirs de maîtresse de maison, dut abandonner son amie qui fut bientôt entourée d'un groupe d'officiers désireux d'entendre de sa jolie bouche le récit de ses aventures. Elle ne se fit pas prier, du reste, et raconta comment, embarquée sur un convoi à destination de Madras, elle fut capturée par la petite escadre de Surcouf.

« Bah ! fit quelqu'un, il avait beau jeu, cet intrépide Surcouf ! Et il ne me semble ni difficile, ni dangereux de prendre quelques vaisseaux sans défense, alors qu'on est soi-même fortement armé.

— Surcouf ne se contente pas de s'emparer des vaisseaux de simple transport et j'ai pu assister à la prise de trois de nos navires de guerre anglais », répondit la jeune femme.

Il y eut dans l'assistance un sourd murmure de rage impuissante, et, comme on allait presser lady Stanhope de questions, on vint prévenir que le feu d'artifice était prêt à être tiré.

Tout le monde se dirigea vers le jardin et se rangea autour d'un assez vaste espace réservé aux artifices.

Et bientôt la nuit sereine s'illumina des plus vives clartés.

D'innombrables fusées éclatèrent avec un crépitement de fusillade, des soleils jetèrent leur lumière d'or et des roues firent de grandes traînées lumineuses.

Il y eut de tout jusqu'aux plus simples « pouldjerries » indiennes.

On appelle « pouldjerries » des pots de terre remplis de poudre inflammable et criblés de trous. Le feu étant mis à la poudre, celle-ci fuse de toutes parts et produit un assez brillant effet.

Le feu d'artifice terminé, on rentra dans les salons où la partie artistique de la soirée allait commencer.

C'était en effet le moment de mettre en valeur ses talents personnels. La musique fit naturellement tous les frais. Il y eut des morceaux de chant pour la plupart fort bien exécutés et d'innombrables morceaux de guitare et de harpe.

Ces deux instruments, les plus gracieux qu'une femme puisse manier, étaient en pleine vogue.

On jouait de la harpe comme on devait jouer plus tard du piano, c'est-à-dire avec fureur.

Seulement, à l'encontre du piano où en général les auditeurs ne voient que le dos de l'exécutant, la harpiste fait face au public et, qu'elle joue assise ou debout, peut faire valoir les avantages d'une jolie taille.

Le bras et la main y sont également en valeur, ainsi que le pied qui fait manœuvrer la pédale.

Lady Stanhope y était de première force et c'était vraiment un exquis spectacle que celui de cette radieuse jeune femme, habillée de cette longue robe fourreau, à la taille très haute, appelée « robe empire », pinçant les cordes de ce bel instrument doré de forme si élégante.

On l'applaudit aussi avec fureur.

Elle avait repris sa place, plus entourée que jamais.

On voulait la suite de l'histoire.

« Je vous ai dit, continua-t-elle, comment, capturées par Surcouf, nous avions été galamment installées par lui dans l'une des petites îles de l'archipel des Maldives. Nous allions reprendre notre route, après une nuit de repos, lorsque l'on nous signala trois nouvelles voiles à l'horizon, et bientôt, à la distance d'un mille, nous pouvions reconnaître le pavillon anglais.

« Surcouf l'avait déjà vu et, nous laissant un peu en arrière, il fonce sur nos compatriotes. Il était à bord du *Revenant*, et suivi de près par la *Sainte-Anne*, capitaine de Clavaillan, et enfin par la *Confiance*.

« Les nôtres étaient la corvette *Eagle*, capitaine George Blackford, la frégate le *Kent* montée par le commodore John Harris et enfin une autre corvette *Queen Elisabeth*. »

A ce moment, lady Stanhope fut interrompue.

La vieille lady qui s'était fait répéter les noms des marins s'avança vivement.

« N'avez-vous pas nommé, madame, George Blackford ?

— Oui, madame.

— Et que lui est-il arrivé ?

— George Blackford est mort.

— Ah ! fit la lady avec un soupir. C'était mon cousin. » Elle s'éloigna sur ces mots, mais comme elle n'était que médiocrement affectée, elle revint afin d'entendre la suite.

« George Blackford, continua lady Stanhope, est mort d'une singulière façon. Comme il jetait son nom dans la mêlée, M. de Clavaillan attacha un flot de rubans jaunes à son épée et, après avoir salué, lui cria :

« J'ai l'honneur, monsieur, de vous remettre ce souvenir que m'a confié pour vous, une de vos *parentes*. »

« Et l'épée et les rubans disparurent dans le corps du malheureux qui tomba mort.

— Ah ! fit encore la vieille dame, il eût mieux fait de les garder.

— Et vous, madame, fit lady Stanhope, vous eussiez mieux fait de ne pas les lui confier.

— C'est égal ! fit un jeune officier, ces marins français conservent de la galanterie même en vous envoyant dans l'autre monde. Avouez, messieurs, que voilà un joli trait de féroce courtoisie. »

Il passa un petit frisson dans l'assistance, puis un tout jeune homme, affectant un air gouailleur, demanda :

« Enfin, madame, puisque vous les avez vus, ces héros invincibles, dites-nous un peu comment ils sont de leur personne.

— Je ne vous parlerai pas de M. de Clavaillan, répondit la jeune femme, puisque beaucoup d'entre vous le connaissent.

— Hélas ! soupira lady Blackwood qui s'était approchée, n'est-ce pas, en effet, au milieu d'une fête donnée en son honneur qu'il s'est enfui ?

— Mais Surcouf ?... ce fameux Surcouf ? » interrogèrent à la fois plusieurs voix.

La jeune femme se leva et, après avoir parcouru d'un regard circulaire le groupe d'uniformes qui l'entourait, elle prononça avec un sourire destiné à atténuer sa déclaration :

« Vous êtes très bien, messieurs, dans la marine de Sa Majesté, mais cependant aucun de vous n'est aussi bien que Surcouf. »

Il y eut un mouvement de dépit.

Sans s'en inquiéter, avec cette désinvolture propre aux jolies femmes qui savent très bien que, quoi qu'elles disent ou fassent, elles peuvent compter sur l'impunité, lady Stanhope affirma :

« Surcouf, messieurs, est admirablement beau. »

Personne ne releva cette phrase et la question tomba d'elle-même sans qu'on s'avisât de demander de plus amples renseignements.

Il y eut même un instant de gêne, une sorte de courant froid qui parcourut l'assistance. On en voulait un peu à la jeune femme de son enthousiasme, et quelques-unes pensaient même que, pour une Anglaise, elle manquait certainement de patriotisme.

Heureusement, l'annonce du souper vint faire diversion, et, malgré la faveur qu'elle ne cachait pas pour des ennemis, bien des bras s'arrondirent devant lady Stanhope pour solliciter l'honneur de la conduire à la table.

Embarrassée, elle riait de son joli rire d'enfant, disant avec une petite mine comique d'impuissance :

« Je ne puis pourtant pas vous donner le bras à tous ! »

Mais, pardonnée maintenant, grâce à son amabilité, elle fut bientôt tirée d'affaire par l'arrivée du gouverneur en personne, qui venait la chercher. On s'inclina et on la suivit joyeusement ; tout le monde était content de ce dénouement.

Le couvert était mis dans une grande véranda toute garnie de fleurs et de feuillage.

Le coup d'œil de cette réunion dans laquelle les plus brillants uniformes alternaient avec les couleurs chatoyantes des robes de femmes, où l'or des galons se mêlait aux feux des diamants et à l'éclat plus doux des pierres, était vraiment d'un magnifique effet.

Les plats les plus recherchés, les boissons les plus capiteuses furent servis par une véritable armée de domestiques.

Bientôt, sous l'effet du champagne, les langues se délièrent et les nouvelles les plus diverses circulèrent autour de la table.

Presque partout on parlait de la France et de son empereur.

« Quel homme étonnant et quel admirable génie ! s'écriait lady Stanhope, qui ne ménageait jamais les termes pour exprimer son admiration.

— C'est un ambitieux extravagant, dit un vieux général.

— L'ambition est permise quand elle sert à l'illustration et à la grandeur de son pays, fit encore la bouillante jeune femme.

— L'ambition n'excuse jamais certaines fautes.

— Et quelles fautes a-t-il donc commises ?

— C'est un usurpateur. Il n'a travaillé que pour lui. Son devoir était de soumettre ses exploits à son gouvernement.

— Un tel homme n'était pas fait pour obéir. Il lui fallait toute la liberté d'action. Son gouvernement ne l'aurait peut-être pas compris.

— Il perd son pays.

— Non, il le fait grand.

— Savez-vous que c'est encore une victoire, une victoire éclatante qu'il vient de remporter à Friedland. Les Russes sont battus.

— L'Europe se lassera.

— Il lui tiendra tête.

— En vérité, Lily, interrompit lady Blackwood qui craignait que le caractère enthousiaste de son amie la fît aller trop loin ; en vérité, M. Bonaparte n'a pas de plus chaud partisan que vous. »

La jeune femme comprit l'intention de son amie.

« Chère, déclara-t-elle, comme fervente Anglaise je hais l'empereur des Français ; comme femme, je rends toujours hommage à ce qui est grand et fort. »

On applaudit bruyamment à cette déclaration.

Puis, le sujet un moment écarté revint plus brûlant sur le tapis.

« On dit, reprit le vieux général qui avait parlé tout à l'heure, que l'intention de l'empereur serait de s'emparer de l'Espagne. »

Il y eut une explosion générale.

« C'est impossible ! Il n'oserait ! Et dans quel but ?

— Sait-on où s'arrêtera la soif de conquête de cet homme ? On laisse même entendre qu'il voudrait placer son frère sur le trône d'Espagne.

— Le roi de Naples ?

— Le roi de Naples.

— Bah ! les Espagnols sont braves, il ne les vaincra pas facilement. Et puis, ils sont servis par leur terre elle-même. Je crois qu'il y laissera bien des hommes.

— Nous-mêmes, du reste, nous aiderons l'Espagne.

— L'Angleterre a-t-elle donc peur, messieurs ? interrogea lady Stanhope.

— Madame, cet homme est un danger pour toute l'Europe, et il est du devoir de l'Angleterre de le combattre par tous les moyens.

— Sauf les moyens déloyaux, toutefois ?

— Même ceux-là, reprit avec une énergie farouche le vieux général.

— Oh ! général, s'écria la jeune femme, autant que j'aime mon pays, je ne puis souscrire à une telle politique.

— La morale d'un pays, madame, n'est pas la même que la morale individuelle.

« Une nation doit être grande et forte d'abord. Elle voit ensuite à être juste. »

Lady Stanhope n'eut pas le loisir de répondre : une nouvelle courait autour de la salle et paraissait être fort commentée.

« Qu'y a-t-il ? interrogea lady Blackwood.

— Il paraît, milady, répondit un jeune officier, que sir Willesley est rappelé de l'Inde.

— Le frère du marquis de Willesley, le gouverneur général ?

— Lui-même en personne. On dit beaucoup de choses sur son caractère, et Sa Majesté aurait en lui grande confiance.

— Que dit-on ?

— On dit que c'est un homme d'une grande rigidité, impassible, méthodique, aussi dur pour lui-même que pour les autres.

— Et cette nouvelle pourrait-elle avoir une corrélation avec ce que nous disions tout à l'heure ?

— Sans doute, milady.

« Peut-être est-ce à lui que l'on va confier le commandement des troupes en Espagne.

— Peut-être, prononça sourdement le vieux général, que c'est là la pierre d'achoppement qui va faire tomber les géants français. »

La conversation était devenue si grave que la charmante maîtresse de maison, un peu inquiète pour l'entrain de sa soirée, hâta la fin du souper, afin de changer le cours des idées.

Quelques instants après, la même salle, dégagée de la table et des desserts qui la garnissaient, devenait un merveilleux salon de danse où tourbillonnaient à l'envie officiers et ladies.

On dansa au son d'un orchestre invisible composé de harpes, de guitares, de violons et de pianos.

Tout à coup, lady Stanhope, avec cette mobilité d'impression qui en faisait une créature fantasque, décevante à l'excès, mais toujours charmante, déclara qu'elle voulait faire danser toute seule, sans le secours des musiciens.

On traîna tout aussitôt un piano, et, avec un brio extraordinaire, pendant près d'une heure, les couples tournèrent aux accords de son instrument.

Ils s'arrêtaient parfois pour écouter et savourer son jeu de musicienne consommée.

Plusieurs fois, lady Blackwood était venue la prier de ne pas se fatiguer ; en riant, elle l'avait renvoyée, prétendant qu'en cas de besoin elle était sûre maintenant de pouvoir gagner sa vie.

Puis, toujours généreuse, elle avait prié qu'on s'occupât des musiciens, déclarant qu'elle entendait qu'ils profitassent tout à fait de ce petit repos.

Enfin, comme elle n'était pas habituée à semblable exercice, elle finit par être lasse, et, faisant tourner vivement le tabouret :

« Qui veut me remplacer ? » cria-t-elle gaiement.

Personne ne s'en souciait, et le bal reprit avec l'orchestre.

« Ouf ! fit-elle, ceci me remet en mémoire mes pauvres pianos.

— Quels pianos, Lily ? demanda lady Blackwood.

— Ah ! Mary, que je suis donc maladroite, je me suis vendue. Ou plutôt, non, je n'ai encore rien dit ; oubliez, Mary, et peut-être qu'un jour vous aurez la clef du mystère. »

Mais ce mot de mystère même n'était pas fait pour calmer la curiosité de la jeune femme.

« Je vous prie, Lily, puisque vous avez commencé, achevez la confidence. C'est toujours si amusant, ce que vous avez à dire. »

Lady Stanhope sourit, prise par son côté faible, mais résolue cependant à lutter un peu.

« Non Mary, n'insistez pas, vous me priveriez d'un grand plaisir.

— Et moi, chère, vous serez cause que je vais dépérir, tant une curiosité rentrée me rend malade. »

Ceux qui entouraient les deux amies se joignirent à lady Blackwood pour la supplier de parler.

« Même si c'est pour détruire une surprise ?

— Oui, oui, oui, cria-t-on.

— Même si cette surprise vous était destinée, Mary ? »

Cette dernière hésita. Cependant le désir de savoir fut le plus fort.

« Même si cette surprise m'était destinée.

— Eh bien ! tant pis pour vous, s'écria vivement la jeune femme. Seulement, je vous préviens qu'il nous faut revenir à Surcouf.

— Revenons à Surcouf, fit-on en chœur.

— Voilà donc de quoi il s'agit : je sais combien vous aimez le piano ; je sais, d'autre part, qu'il ne vous est pas facile d'en avoir un véritablement bon ici, et je vous avais promis de vous en apporter un. Aussi, quelque temps avant mon départ d'Angleterre, je me suis offert un petit voyage en France pour aller en essayer.

« Ah ! chère, vous n'imaginez pas avec quelle perfection ces Français construisent ces instruments. J'en ai vu des quantités, et, dans chaque magasin, j'avais envie de les acheter tous. Je n'en ai rien fait, rassurez-vous. Cependant, un jour, j'en trouvai deux meilleurs encore que les autres et je me les fis réserver... L'un vous était destiné, l'autre était pour moi. »

Lady Blackwood sauta au cou de son amie :

« Oh ! Lily, que c'est gentil à vous d'avoir mis tant de zèle pour me faire un tel plaisir ! Mais quelle difficulté pour les transporter ! Vraiment, rien ne vous arrête et comme je vous reconnais bien là.

— Hélas ! Mary, ne me remerciez pas encore. Je ne sais si je pourrai jamais vous donner ce souvenir.

— Pourquoi donc ?

— Parce que je n'ai plus les pianos. Vous parliez de difficultés ; je croyais les avoir toutes prévues. Les pianos, d'immenses pianos à queue, avaient voyagé emmaillotés de couvertures comme des petits enfants, et j'allais moi-même m'assurer de leur bon état de temps à autre. Tout allait pour le mieux et j'avais lieu d'espérer qu'ils n'avaient éprouvé aucun mal, lorsque, ayant été capturés par Surcouf, toute la cargaison du convoi est tombée entre ses mains.

— Ah ! ma pauvre Lily, s'écria la femme du gouverneur tout à fait chagrine ; je ne vous en remercie pas moins, mais, hélas ! c'en est fait de votre piano comme du mien.

— Non, j'espère encore les avoir.

— Comment cela ?

— Surcouf, qui a vu ma peine, en a eu grand'pitié, et de sa rude voix de marin habituée aux commandements, qu'il a adoucie pour moi, il m'a dit :

« Madame, je vous donne ma parole d'honneur que je ferai tout mon possible pour avoir vos pianos et j'irai en personne vous les rapporter.

— C'est justement, s'écria lady Blackwood, ce que j'avais prié M. de Clavaillan de lui dire. »

Il y eut sur toutes les lèvres un sourire d'incrédulité et même quelques rires vite réprimés, puis quelqu'un se hasarda à prononcer :

« Ah ! madame, il vaut mieux pour vous ne plus penser à vos pianos, car la parole d'un corsaire ne peut avoir aucune valeur.

— Et moi, messieurs, j'estime que la parole de Surcouf vaut celle du plus fier gentilhomme d'entre vous. Je garde donc la conviction que ce corsaire, à moins d'impossibilité de sa part, me rendra mes pianos.

— Je veux aussi en garder l'espoir, » dit lady Blackwood avec un soupir de regret.

CHAPITRE XVI
PAROLE DE CORSAIRE

A ce moment une grande rumeur venant du jardin se fit entendre. On était venu annoncer que trois nouveaux navires étaient en vue et s'approchaient à toutes voiles de la terre.

« Sont-ce des navires de guerre ? » demanda le gouverneur.

On ne sut pas lui répondre, car on ne pouvait encore distinguer ni leur forme, ni leur nationalité.

« Si nous allions jusqu'au port ? proposa lady Stanhope.

— C'est cela, allons jusqu'au port », appuyèrent les autres jeunes femmes qui ne demandaient qu'à satisfaire leur curiosité.

Malgré les objections que firent pour la forme les invités masculins, tout aussi désireux que le clan féminin de savoir ce qui en était, il y eut une véritable poussée vers le vestiaire.

Et bientôt toutes les jolies têtes, toutes les épaules frissonnantes, disparurent sous des mantes, des capuchons, des mantilles, et en procession lady Stanhope en tête, les invités du gouverneur, ravis de cet incident original, prirent le chemin du port.

L'aube, qui se levait à peine, enveloppait d'une teinte indécise ce défilé d'un nouveau genre. Et quand on fut arrivé, on put distinguer parfaitement, à quelques milles à peine, trois navires immobiles qui découpaient, dans l'azur très pâle du ciel, la silhouette fine de leur coque et de leurs voiles qu'une manœuvre amenait doucement.

« Ce sont les navires de Surcouf ! s'écria lady Stanhope avec étonnement.

— En êtes-vous sûre, milady ? demanda le gouverneur.

— Certes. Je les reconnais parfaitement maintenant. Celui du milieu est le *Revenant*, à droite, c'est la *Sainte-Anne*, à gauche, la *Confiance*.

— Pourquoi viennent-ils à Madras ? demanda quelqu'un.

— Surcouf, sans nul doute, veut profiter de la suspension d'armes, afin de communiquer avec la terre.

— En effet, ils ont arboré le drapeau blanc.

— Cependant ils restent à une distance respectable.

— C'est qu'ils ne peuvent avancer plus avant, Madras a une défense naturelle. Son rivage est entouré de fonds changeants dans lesquels un navire d'un certain tonnage ne peut s'aventurer sans danger. Et Surcouf, en marin consommé n'ignore pas cette particularité. »

Tandis qu'on causait sur le port et que les invités du gouverneur faisaient mille suppositions sur cette arrivée intempestive du fameux corsaire, il se faisait à bord des navires un mouvement inusité que l'on pouvait discerner du rivage.

Les matelots semblaient amener sur le pont deux colis énormes, puis on vit les poulies attachées au flanc du navire, et bientôt deux canots furent mis à la mer.

Ce fut ensuite le tour d'un grand canot plat, sorte de chaland, à bords élevés pour empêcher les petites vagues du large de pénétrer à l'intérieur.

Puis ce chaland, amené contre le flanc du navire, y fut solidement maintenu, tandis qu'au-dessus les poulies faisaient glisser les deux gros colis.

Quand le chargement parut fini, les deux canots attelés au chaland prirent le chemin du rivage.

Et parmi l'élégante réunion qui assistait à cet étrange débarquement, la curiosité était montée au plus haut degré.

« Qu'est-ce que cela veut dire ? » se demandait-on de proche en proche.

Le gouverneur paraissait même un peu inquiet. Est-ce que cette arrivée des Français traînant à leur suite ce chaland mystérieux ne cachait pas quelque piège ? On les savait d'un esprit fertile en ruses, et on connaissait la haine profonde de Surcouf pour tout ce qui était anglais.

Allait-il donc profiter de cette suspension d'armes, de la facilité avec laquelle il entrait dans le port pour préparer quelque surprise désastreuse, et cela au mépris de toutes les lois de la guerre ?

Il ne fut pas maître de son trouble et laissa échapper quelques paroles qui dévoilèrent ses craintes.

Lady Stanhope s'en émut aussitôt, en relevant courageusement son observation.

« Eh ! quoi, monsieur, soupçonneriez-vous ces hommes d'un tel acte de déloyauté ?

— Madame, répondit le gouverneur, un peu ennuyé pour certaines conceptions, une semblable action pourrait ne pas passer pour déloyale.

— Oh ! c'est là une chose impossible et qu'on ne peut concevoir sans avoir une âme vile. Ce n'est pas le cas, monsieur, pour Surcouf et ses compagnons, et moi, lady Stanhope, je me porte en toute confiance garant de leur honneur. »

Ces paroles firent une certaine impression sur l'assistance, et lady Blackwood s'écria, en menaçant son amie du doigt :

« Ah ! chère, toujours le même enthousiasme pour ces Français !

— Oui, répondit sérieusement la jeune femme, et je puis d'autant mieux les juger, que j'ai été plus à même de les connaître. »

Les canots n'étaient plus maintenant qu'à quelques mètres du rivage. Bientôt ils accostèrent. Ceux qui les montaient eurent tôt fait de sauter sur le sable et d'y traîner les deux embarcations ; puis, s'attelant, à l'exception de trois d'entre eux, aux cordes, ils amenèrent le chaland.

Quand l'avant de celui-ci fut venu sans secousse s'enfoncer dans le sable, ces mêmes matelots, sautant à l'intérieur, se mirent en devoir de le décharger.

Un peu éloignés et abrités derrière une balustrade, les invités du gouverneur avaient pu voir sans être vus. Ce ne fut que lorsque six matelots, portant trois par trois sur leurs robustes épaules les deux corps de forme étrange que seule lady Stanhope commençait à reconnaître, se mirent en marche, précédés de trois hommes qui devaient être les chefs et suivis d'un autre matelot portant un volumineux paquet, que le gouverneur, entouré de sa femme, de lady Stanhope et de tous les invités, s'avança à leur rencontre.

La stupeur des arrivants parut grande devant cette foule d'hommes en grand uniforme ou en tenue de cérémonie et de femmes en robes de soie aux traînes étalées sur le sable et dont les vêtements, avec lesquels elles s'étaient enveloppées, ne parvenaient pas à dissimuler les épaules décolletées et l'éclat des parures.

De leur côté, les Anglais dévisageaient avidement ces trois hommes qu'ils avaient devant eux, et sur le visage desquels, grâce au récit de lady Stanhope, ils avaient pu mettre des noms.

L'un d'eux, le plus grand, beaucoup le reconnaissaient. C'était Jacques de Clavaillan.

Le jeune marquis, qui avait conservé ses traits fins d'aristocrate et cette expression des yeux à la fois audacieuse et franche, que soulignait sa longue moustache gauloise, s'était encore développé dans ce dernier voyage, et ce ne fut pas sans un certain respect que les jeunes officiers anglais, dont beaucoup étaient de fort beaux hommes, contemplèrent cette carrure d'athlète.

Dans cet adolescent, presque un homme déjà, tout le monde reconnut Guillaume Ternant le petit mousse breton, à la prière duquel lady Stanhope avait quitté ses amis pour aller consoler la mère et la sœur.

Enfin voici Surcouf lui-même. Et la brillante assemblée qui le regarde est obligée de s'avouer que la description de la jeune femme n'a rien exagéré.

Sans être d'aussi haute taille que Clavaillan, il est grand, parfaitement élégant. Ses traits sont d'une rare régularité et tonte sa personne respire la force.

Ce qui frappe tout d'abord en lui, c'est son regard. Ses yeux un peu enfoncés sous l'arcade sourcilière brillent d'un feu intense. Ce sont bien là les yeux de ce fouilleur d'horizon, des yeux d'aigle, qui toujours avant le reste de son équipage ont distingué l'ennemi.

Rien qu'avec ces yeux-là, il ne pourrait passer inaperçu, or tout le reste est à l'avenant. Le nez légèrement busqué a l'arête très fine, la bouche est d'un dessin parfait, et le menton assez accentué contribue à donner à ce masque d'homme un caractère d'énergie particulier.

D'abord surpris à la vue de tout ce monde, il ne tarda pas à se remettre. Et avec cette aisance aimable qui est un des apanages de la nation française et qui ne l'abandonne jamais, il salue le gouverneur et les dames.

Mais déjà lady Stanhope s'est avancée, et elle tend sa petite main sur laquelle le marin s'incline pour y poser ses lèvres avec une grâce respectueuse.

« Avouez, monsieur Surcouf, que vous ne vous attendiez pas à une semblable réception, s'écrie en riant la charmante femme.

— Non, madame, bien certainement, mais vous m'en voyez infiniment heureux. Au moins tous ces messieurs pourront affirmer que le corsaire Surcouf est un homme de parole et d'honneur. »

Il y eut à ces mots un moment de curiosité, et le marin faisant un signe aux matelots qui étaient restés à une petite distance, ceux-ci s'avancèrent toujours chargés de leurs gros colis.

« Madame, reprit Surcouf, vous n'avez pas oublié sans doute la promesse que je vous fis lors de notre séparation. Cette promesse, il s'en est fallu de peu que je ne pusse la tenir qu'à moitié. Dans la partie du butin qui m'échut au moment du partage, je reçus un de vos pianos, mais l'autre tomba aux mains du fisc, en la personne du commissaire. Ce ne fut pas sans difficultés que je le décidai à me le céder. Enfin je les ai tous les deux et j'ai l'honneur de vous les rapporter. »

Ces paroles furent accueillies par un formidable hourra.

Les hommes criaient, les femmes battaient des mains, et l'on fit une véritable ovation à nos marins.

Le gouverneur voulut serrer la main du vaillant Surcouf et de ses compagnons. Lady Blackwood, enthousiasmée, fit de même.

Quant à lady Stanhope, elle exultait, et ses yeux et son sourire disaient clairement :

« Vous voyez que je n'ai rien exagéré. Je savais bien, moi, que c'étaient de parfaits gentilshommes. »

Cependant on ne pouvait rester plus longtemps sur le port.

Sur l'invitation du gouverneur tout le monde reprit le chemin du palais, où un déjeuner improvisé, sorte de banquet en l'honneur des Français, fut offert à Surcouf, à Clavaillan, à Guillaume et à tous les invités de la nuit, pendant que les matelots étaient abondamment servis par les domestiques.

« Quel dommage, s'écria tout à coup le vieux général, de penser que, sitôt la suspension d'armes terminée, vous redeviendrez notre ennemi le plus acharné. »

Surcouf sourit.

« Qu'importe, général, nous ferons comme les enfants, qui ne sont jamais plus amis que lorsqu'ils se sont administré une formidable roulée. »

On applaudit à cette boutade, et le gouverneur, levant son verre, s'écria :

« J'en accepte l'augure, commandant, et je bois à la paix définitive qui unira nos deux grandes patries. »

Ce toast fut chaleureusement accueilli par toute l'assemblée.

Hélas ! personne ne se doutait alors des événements terribles qui se préparaient en Europe... Et comment le soleil éclatant de l'empire français, après avoir ébloui de ses rayons les lions voisins, allait sombrer dans une épouvantable catastrophe.

Mais, Dieu merci, il ne nous est pas donné de connaître l'avenir, et tandis que tous ces jeunes officiers choquaient joyeusement leurs verres, aucun d'eux ne prévoyait que la guerre impitoyable allait faire parmi ceux-là mêmes, de larges trouées.

Surcouf, fêté par tous, mais principalement par lady Stanhope et lady Blackwood, ravies toutes deux d'avoir leurs pianos, consentit à passer deux jours à terre.

Quant à Clavaillan et à Guillaume, malgré la même invitation, ils partirent le jour même de leur débarquement pour Ootacamund.

Personne, du reste, ne songea à s'étonner, mais lady Stanhope seule pensa qu'un petit cœur de jeune fille allait probablement battre une charge précipitée à l'arrivée des deux jeunes gens.

Elle ne se trompait pas, et Mme Ternant, qui depuis longtemps était dans le secret de sa fille, n'eut pas de peine à comprendre à qui allait une partie des effusions qu'Anne prodigua à son frère.

Jacques de Clavaillan peut-être s'en aperçut aussi. Seul, Will fut aveugle, et de la meilleure foi du monde garda pour lui seul les tendres caresses de sa sœur.

....

Plusieurs années se sont écoulées.

Mme Ternant et Anne n'habitent plus Ootacamund.

Elles ont quitté l'Inde brusquement quelques jours après l'arrivée des deux jeunes gens à Madras.

Surcouf leur ayant offert de les rapatrier, la pauvre mère, qui ne se sentait plus le courage de se séparer de son fils, résolut de l'accompagner et accepta cette proposition.

Il était du reste nécessaire que celui-ci revînt en France pour y compléter ses études et se préparer à l'École navale vers laquelle son ambition le dirigeait.

Quant à Anne, inutile de dire si la perspective de revoir la France, unie à celle d'un voyage en telle compagnie, était faite pour lui plaire. Elle l'accueillit donc avec une véritable joie.

Cependant le départ n'eut pas lieu sans un attendrissement.

On ne quitte pas un pays qui vous fut accueillant, une maison où l'on a pleuré et prié, où l'on a été heureux aussi, sans un serrement de cœur.

Au moment de dire adieu peut-être pour toujours à ce toit qui les avait abrités si longtemps, à ce jardin dans lequel Mme Ternant avait promené sa mélancolie et Anne ses rêves juvéniles, à ces domestiques qui leur étaient dévoués et qui pleuraient, les larmes s'échappèrent de leurs yeux.

« Au revoir, disait Anne qui était jeune.

— Adieu », faisait sa mère qui ne se lassait pas de regarder pour l'emporter plus vivant dans sa mémoire, le riant ermitage qu'elles aimaient tant toutes deux.

Clavaillan et Will, qui avaient d'abord assisté, très émus, au spectacle de leur chagrin, durent s'interposer pour les décider à partir.

Encore un dernier regard, un dernier geste d'adieu, et brusquement, à un coude de la route, tout disparaît. La voiture roule maintenant vers la demeure de l'Irlandais et de sa famille.

Oh ! cette route, combien de fois l'ont-elles parcourue à pied ou en voiture, pour se rendre chez leurs amis. Et voilà qu'Anne, qui a refait bien souvent depuis cette promenade à cheval, accompagnée par Fred ou Alick, ou même par Cécil, revit ce fameux jour où l'aîné des O'Donovan, dans un moment de mauvaise humeur, lui a dit :

« Vous n'étiez qu'une petite fille, *il* a voulu se moquer de vous. »

Il ne s'est pas moqué. *Il* est revenu. Et voilà qu'*il* vient la chercher pour la ramener en France.

Anne sait très bien qu'elle est encore trop jeune pour se marier, mais elle ne doute pas que cela arrive un jour ; et elle est bien décidée à attendre patiemment ce jour.

La séparation avec leurs amis fut encore plus cruelle, plus déchirante.

Ils aimaient tous, le père, la mère et les six garçons, ces deux Françaises, qui apportaient à leur foyer tant de grâce, de charme, de douce intimité et parfois d'entrain.

L'Irlandaise et son mari pleuraient l'amie qu'ils avaient si souvent consolée et qui leur était si profondément attachée ; ils pleuraient aussi Anne, qui illuminait leur demeure de sa joliesse de jeune fille.

Eux qui n'avaient que des fils, ils aimaient à contempler cette silhouette élégante et fine, à caresser ses boucles de jais, à entendre son rire cristallin vibrer dans la maison où ne résonnaient jamais que les organes un peu rudes des six garçons.

Quant à ceux-ci, laissant de côté toute velléité de stoïcisme, ils pleuraient bien franchement. Fred surtout laissait éclater un véritable désespoir.

Quant à Alick, le seul qui se contînt un peu, il enveloppait d'un regard sombre et désolé le joli visage de la fillette tout inondé de larmes.

« Nous nous reverrons, je vous promets que nous nous reverrons, disait Anne pour les consoler et se consoler elle-même... Vous viendrez bien en Europe ? »

Et comme ils semblaient dire qu'il y avait peu de probabilités pour cela, elle ajouta :

« Eh bien ! c'est nous qui reviendrons. »

En même temps, elle cherchait du côté des siens une approbation.

« Oui, nous reviendrons, mademoiselle Anne », fit Clavaillan avec assurance.

Anne le remercia d'un regard et se sentit toute consolée.

Le voyage se passa sans accidents, mais non sans incidents, ce qui eût été tout à fait extraordinaire à cause des temps troublés qu'on traversait.

Enfin on arriva à Brest, et l'image de l'Inde restée brillante et si chère tout le temps de la traversée pâlit subitement devant le rivage natal.

Oh ! la douceur de revoir son pays après une longue absence, comme tous la goûtèrent lorsque la vigie signala la terre. Et avec quelle émotion religieuse ils se retrouvèrent sur le sol de leur Bretagne chérie ! Certes, là-bas ils avaient trouvé une vie facile, un climat généreux, des amis dévoués, mais ils n'avaient jamais senti comme en ce jour vibrer certaines fibres de leur cœur.

Avec délices ils aspiraient l'air de la patrie, et Mme Ternant aurait volontiers embrassé toutes les Bretonnes qu'elle rencontrait.

Ce fut dans Brest même que la famille Ternant s'installa.

Will dut bientôt quitter sa mère et sa sœur pour continuer dans un collège ses études interrompues.

Clavaillan reprit la mer à la suite de Surcouf.

De nouveau seules, Mme Ternant et sa fille vécurent de cette vie retirée et laborieuse qu'elles menaient dans l'Inde, attendant que les événements les réunissent de nouveau à ceux qu'elles aimaient.

Et maintenant, voilà que les événements se sont précipités.

La fatale année de mil huit cent quinze est près de s'achever. L'empire français n'existe plus.

Les aigles sont tombés à Waterloo, vaincus par la fatalité.

L'Europe, si longtemps oppressée, respire.

Le génie qui la comprimait est désormais réduit à l'impuissance.

Napoléon s'est heurté à la pierre d'achoppement que Dieu, bien plutôt que les hommes, avait placée sur sa route.

Et cette pierre, ainsi que l'avait presque prophétisé le vieux général, dans la soirée donnée à Madras en l'honneur d'une jolie femme, cette pierre s'est précisément trouvée être ce Willesley, frère du marquis du même nom, ce cadet de famille dont la gloire dépasse maintenant celle des aînés et des ancêtres et qui porte triomphalement le titre de duc de Wellington.

L'Empereur, qui s'est confié à ses ennemis les plus acharnés, à ces Anglais qu'il n'a pu vaincre, va voir sa confiance cruellement déçue.

Non seulement l'Angleterre n'a point pour lui les égards que l'on doit à l'ennemi vaincu et sans défense, mais sans pitié pour cette grandeur tombée, sans respect pour ce captif qui s'est livré lui-même, elle va le traiter avec cette impitoyable rigueur, avec cette étroitesse de surveillance qui briseront en lui toute énergie et qui en quelques années lui ouvriront les portes du tombeau.

Mme Ternant et Anne ont suivi avec angoisse la marche des événements, et le jour a lui enfin pour la jeune fille où son rêve va se réaliser.

Depuis le matin la cathédrale de Brest fait retentir l'air de ses plus joyeux carillons.

C'est un mariage qu'elle annonce.

Tout autour de la maison de Mme Ternant, il y a un va-et-vient indescriptible.

Les voisins et les passants qu'on renseigne veulent voir la jeune mariée que l'on dit si belle.

Et puis les uniformes qui entrent et sortent ne contribuent pas pour peu de chose à augmenter la curiosité.

On sait que le fiancé a servi sous les ordres de Surcouf, et que le fameux corsaire a promis d'assister son second en qualité de témoin.

Et tout le monde a le désir de le connaître.

Mais voilà que la porte s'ouvre toute grande et Anne, radieuse dans sa toilette blanche, paraît donnant le bras à un jeune homme qui porte l'uniforme de la marine royale.

C'est Will, le petit mousse de Surcouf. Il a brillamment passé ses examens d'admission à l'École navale et il en est sorti dans les premiers.

Il a même fait son premier voyage, et sur ses manches brillent les galons d'enseigne.

L'avenir a tenu les promesses du passé.

Milton Keynes UK
Ingram Content Group UK Ltd.
UKHW010802110624
444053UK00004B/427